AF388693

LA SPÉCIALISATION DU TRAVAIL

PAR NATIONALITÉS, A PARIS

Melle SCHIRMACHER

LA
SPÉCIALISATION DU TRAVAIL

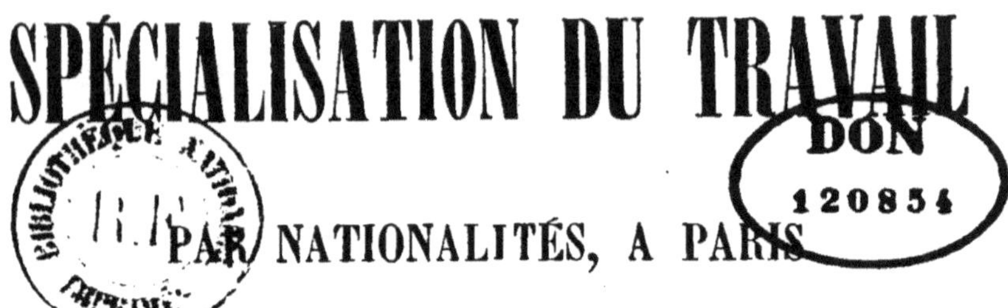

PAR NATIONALITÉS, A PARIS

PARIS

ARTHUR ROUSSEAU, ÉDITEUR

14, RUE SOUFFLOT ET RUE TOULLIER, 13

1908

LA
Spécialisation du Travail
par Nationalités à Paris [1]

De toutes les capitales européennes, Paris est la plus cosmopolite : en 1891, il comptait, sur 1.000 habitants, 75 étrangers ; Pétersbourg en comptait 24, Londres et Vienne 22, Berlin 11. Le chiffre total des étrangers à Paris était, en 1891, de 180.960 contre 2.244.000 Français, sur une population totale de 2.425.000.

Depuis, par le jeu de la loi du 28 juin 1889, qui considère comme Français tous les enfants d'étran-

---

(1) Pour obtenir la documentation, nécessaire à mon sujet, je me suis adressée, en premier lieu, au service de statistique du ministère du travail ; en second lieu aux représentants officiels des colonies belges, allemandes, suisses et italiennes à Paris. Ceux-ci ont eu l'obligeance de me mettre en rapport avec les personnes les plus compétentes de leurs colonies. J'ai eu ainsi l'occasion de voir, dans les quatre colonies formant le sujet de mon étude, les consuls, les présidents des chambres de commerce, les prêtres, religieuses et pasteurs, les professeurs et instituteurs, les directeurs et directrices d'œuvres, soit laïques, soit religieuses, les présidents des syndicats professionnels et des sociétés de bienfaisance. — Par les membres du clergé et les religieuses surtout, j'ai été mise en rapport direct avec les travailleurs

gers nés en France, le nombre des étrangers à Paris a diminué *sur le papier*. En 1896, il n'était plus que de 156.845. En 1901, il a légèrement augmenté : 157.600 étrangers contre 2.556.500 Français, sur une population totale de 2.715.000.

Officiellement, il y avait donc, en 1901, à Paris 5,9 0/0 d'étrangers (au lieu de 7,5 0/0 en 1891).

Les résultats du dénombrement de 1906 n'étant pas encore publiés, nous sommes obligés, dans ce

étrangers des diverses catégories. Tantôt on a bien voulu les convoquer pour moi dans les missions et presbytères, tantôt j'ai pu me rendre chez eux et étudier les différents milieux sur place. De cette façon, j'ai pu réunir sur les principales industries étrangères à Paris des documents de première main, très précis, qu'il était possible de contrôler les uns par les autres et de compléter par les renseignements officiels.

Du côté français, les informations les plus précises m'ont été fournies par les présidents des différentes chambres syndicales, auxquelles je me suis adressée soit personnellement, soit par écrit. Leurs rapports m'ont rendu les plus grands services. Grâce à l'Office du travail, j'ai pu obtenir un certain nombre de renseignements par l'inspection du travail et par des industriels français. Mise en rapport, par le Musée social, avec les syndicats professionnels, j'ai encore trouvé des documents utiles de ce côté, surtout sur la question de la concurrence étrangère.

Il va de soi que j'ai, en outre, profité, pendant la durée de cette enquête, de toute rencontre pouvant servir à me documenter. Sergents de ville, balayeurs des rues, fournisseurs, ouvriers, surveillants des chantiers du métropolitain, petits modèles, amis de bonne volonté ont été pour moi de précieux collaborateurs.

travail, de tabler sur les résultats, publiés seulement en partie, du dénombrement de 1901. D'après l'avis des personnes compétentes (membres des ambassades et consulats, pasteurs, commerçants, ouvriers), le nombre effectif des étrangers *est toujours supérieur* aux chiffres officiels, et le mouvement d'immigration à Paris montre, depuis 1901, une tendance très nette à la hausse. Nous prévenons donc nos lecteurs que les chiffres indiqués dans ce travail sont *au-dessous de la réalité.*

En 1901, Paris comptait sur 157.600 étrangers :

Belges	27.954
Allemands	24.568
Italiens	21.791
Suisses	19.639
Anglais	10.532
Russes	9.864
Luxembourgeois	8.050
Américains du Sud	5.899
Autrichiens	4.678
Roumains, Serbes, Bulgares	3.532
Espagnols	3.527
Hollandais	2.973
Américains des Etat-Unis	2.628
Turcs	1.971
Hongrois	1.306
Grecs	820
Asiatiques, Océaniens	811

Suédois . ., ...	617
Africains	445
Danois.	439
Portugais.	328
Norvégiens	298

4.913 étrangers recensés n'avaient pas déclaré leur nationalité.

D'après cette liste, Paris mérite, en effet, le nom de *Cosmopolis* et offre un excellent terrain pour notre étude : rendez-vous favori des étrangers, il est aussi un marché international du travail et permettra d'examiner si, oui ou non, il existe, dans le travail, une spécialisation d'après nationalités, si l'on peut parler d'*aptitudes nationales*.

Les colonies étrangères de Paris les plus nombreuses sont les colonies belge, allemande, italienne et suisse. C'est elles que nous nous sommes borné à étudier, parce que, d'un côté, il fallait limiter le champ des recherches, et que de l'autre, pour pouvoir conclure, il fallait opérer sur les agglomérations les plus considérables.

En faisant abstraction de la nationalité, quels sont, au point de vue social, les étrangers que Paris attire ? Paris attire l'ouvrier non-qualifié parce que, comme tous les grands centres, il offre beaucoup de gros travail. Paris attire l'ouvrier qualifié parce que, comme toutes les capitales, il demande et apprécie le travail soigné. Paris attire le travailleur intellectuel auquel il offre des moyens de culture et de recherche hors ligne. Paris attire le riche, le rentier, l'oisif, le mondain, comme ville de goût, d'élégance, de luxe et de plaisir. Bref, Paris attire les travailleurs et les jouisseurs du monde entier. Il y a, à Paris, toutes les colonies étrangères possibles, et dans ces colonies, tous les éléments imaginables.

Les colonies anglaise, américaine du Nord, américaine du Sud sont plus particulièrement des colonies de luxe et d'étude ; les colonies allemande, suisse, belge et italienne plus particulièrement des colonies d'étude, de perfectionnement et de travail.

L'immigration en France ne subit, pour ainsi dire, aucune entrave : le passeport n'est pas indispensable, bien que fort utile ; les étrangers de passage ne font aucune déclaration de séjour, si ce n'est dans les hôtels. Les étrangers qui désirent *habiter* Paris doivent faire, dans les 15 jours, leur déclaration d'étrangers à la préfecture de police (sans frais). S'ils désirent exercer un métier, la déclaration doit être faite dans les 8 jours, et la taxe est de 2 fr. 55. Tout changement de domicile doit être notifié à la préfecture. Il est généralement reconnu qu'un nombre très considérable d'étrangers à Paris néglige ces formalités, pourtant peu compliquées. L'observation et l'expérience permettent d'affirmer, en outre, que les bulletins de recensement ne se distinguent pas non plus par leur scrupuleuse exactitude, et que beaucoup d'étrangers, pour des raisons d'intérêt surtout, cachent volontairement leur origine.

Un nombre considérable d'étrangers se fait naturaliser, et ces naturalisations comptent actuellement dans l'augmentation, si réduite, de la population française : en 1901, il y avait à Paris 45.800 étrangers naturalisés. Ces naturalisations portent surtout sur la classe moyenne, sur les petits, moyens et grands patrons, qui croient avoir intérêt à acquérir la nationalité française, soit pour attirer la clientèle, soit pour obtenir des fournitures du gouvernement, soit pour faire partie des bureaux d'associations professionnelles, soit pour éviter l'expulsion en cas de complications politiques. Parmi les travailleurs intellectuels, les affinités électives viennent s'ajouter aux raisons d'intérêt et de carrière. La classe ouvrière se voit arrêtée dans la voie de la naturalisation par les frais, relativement élevés (175 fr. 25). Les ouvriers, en tant qu'étrangers, sont exclus des bureaux de toute association française (syndicats) et ils ne peuvent toucher les primes, accordées par les chambres syndicales aux ouvriers et employés occupant la même place depuis 30 ans ; les bureaux de bienfaisance ne sont pas obligés de les secourir, et certaines œuvres philanthropiques, colonies de vacances, etc. ne fonctionnent pas pour leurs enfants.

Mais la loi de 1889 sur la nationalité française fait que la seconde génération dans la classe ouvrière étrangère se naturalise d'elle-même : *Sont considérés comme Français tous les enfants d'étrangers qui naissent en France.* Ils conservent, il est vrai, la faculté, à l'âge de 21 ans, d'opter pour leur pays d'origine. Il va de soi que, dans la classe ouvrière, obsédée de soucis matériels, hostile à la paperasserie, dont elle se défie, cette option est d'autant plus rare que la loi est généralement peu connue des intéressés. Dans la plupart des cas, la conscription française réclame donc avec succès les fils d'étrangers. D'autres étrangers (et notamment dans la classe ouvrière) perdent leur nationalité d'origine par un séjour ininterrompu de 10 ans en France, sans toutefois acquérir la nationalité française. Enfin, lorsqu'un des parents de l'enfant étranger, fût-ce par l'effet d'un pur hasard, est né en France, il n'y a même plus d'option possible pour l'enfant, lorsque celui-ci naît à son tour sur territoire français. Pour cette raison, il arrive que, même dans la classe ouvrière, les femmes d'origine étrangères se rendent, pour leurs couches, dans leur pays d'origine. D'autre part, on nous a cité le cas d'un diplomate étranger né à Paris et obligé de faire son service militaire en France, parce que sa mère, bien qu'étrangère, était également née à Paris.

La loi de 1889 est un effort de la France de s'assimiler, légalement, l'apport considérable des étrangers à sa très faible natalité, et nous avons donné à ce sujet certains détails, parce que cette assimilation légale des étrangers aux Français a son importance pour la question que nous cherchons à résoudre : y a-t-il, dans le travail à Paris, une spécialisation d'après nationalités ?

Il y avait en 1901, dans toute la France, sur une population totale de 38.000.000 de personnes, *1.034.000 étrangers* (chiffres officiels), 269 étrangers sur 10.000 habitants, c'est-à-dire 2,7 0/0. Paris avec 5,9 0/0 d'étrangers dépasse donc de beaucoup la moyenne de la France.

Les 4 colonies qui nous intéressent sont pour la France entière :

I.— *Italiens* : 330.500 (départements des Bouches-du-Rhône, Var, Rhône, Alpes Maritimes, Corse, Seine).

II. — *Belges* : 323.400 (départements du Nord, Ardennes, Seine).

III. — *Allemands* : 89.800 (départements de Meurthe-et-Moselle, Vosges, Belfort, Seine-et-Oise, Marne, Seine).

IV. — *Suisses* : 72.000 (départements du Doubs, Rhône, Haute-Savoie, Alpes Maritimes, Belfort, Ain, Seine-et-Marne, Seine-et-Oise, Seine).

Les départements frontiers du Nord, de l'Est et du Sud-Est sont, de par leur situation géographique et de par la force d'expansion des quatre pays voisins, des départements d'immigration de premier ordre, et le nombre relatif des étrangers varie de 6,6 0/0 à 28,5 0/0 de la population totale.

Toutefois le département de la Seine compte le plus grand nombre d'étrangers en chiffres absolus. Il ne vient qu'au 8° rang des chiffres relatifs. On doit donc dire que l'immigration étrangère vers Paris est filtrée par les départements de la frontière, et que, pour les quatre nationalités que nous étudions, une partie seulement des immigrants arrive à la capitale :

Belges . . . . 28.000 sur 323.400, environ 1/11e.
Allemands . 24.500 sur 89.800, plus du 1/4.
Italiens . . . 22.000 sur 330.500, environ 1/15e.
Suisses . . . 19.600 sur 72.000, plus du 1/4.

La spécialisation dans le travail étant le but principal de notre étude, il importe d'établir le nombre des étrangers appartenant à la *population active*.

En 1901, il y avait en France, sur une population totale de 38 millions, une population active de 19.700.000 (dont 12.900.000 hommes et 6.800.000 femmes) (1). La population active pour toute la France était donc de 50,6 0/0. A Paris, elle s'élevait à 62 0/0 de la population totale (1.685.000 personnes sur 2.715.000).

(1) Selon une déplorable habitude, les femmes travaillant dans leur ménage n'ont pas été comprises dans la population active.

1.

Les chiffres fournis par le recensement de 1901 permettent d'établir que sur les 157.500 étrangers à Paris, 116.500 appartiennent à la population active. Il n'y en a que 40.000 environ qui n'exercent aucune profession rémunérée (rentiers, ménagères, enfants), 73 0/0 sont des travailleurs (patrons, employés, ouvriers, travailleurs isolés).

Le pourcentage de la population active étrangère à Paris dépasse encore le pourcentage déjà très élevé de la population active totale (62 0/0). Les *grandes* colonies étrangères surtout sont, à Paris, des colonies essentiellement de travailleurs.

Les quatre colonies que nous étudions réunissaient en 1901 à Paris :

Belges	28.000
Allemands.	24.500
Italiens.	21.800
Suisses.	19.700
soit un ensemble de	94.000

personnes, sur un total de 157.500 étrangers, c'est-à-dire 58 0/0.

Leur population active était de :

Belges	20.645
Allemands.	19.640
Italiens.	16.345
Suisses.	15.360
forment un ensemble de	72.000

personnes sur un total de 116.550 étrangers de la population active, c'est-à-dire 61 0/0. *Ces quatre colonies fournissaient donc la majorité des travailleurs étrangers à Paris.*

La statistique de 1901 a établi la population active totale de Paris par grandes catégories professionnelles ; nous complétons le tableau en y ajoutant le nombre des Belges, Allemands, Italiens et Suisses travaillant dans les mêmes catégories :

	Pop.ac.tot.	Belges	All.	Italiens	Suisses
Pêche, forêt, agriculture. . . .	3.276	20	15	20	50
Industrie. . . .	888.832	12.560	5.900	11.315	6.202
Com. et Banque.	406.404	4.125	4.400	2.605	4.623
Service domestique.	207.201	2.930	7.825	1.260	3.690
Profess. lib. serv. pub.	178.659	905	1.270	1.115	795
Total. . .	1.684.372	20.640	19.640	16.345	15.360

La population active des quatre colonies que nous étudions, forme 4,2 0/0 de la population active parisienne totale. La population étrangère totale forme 6,9 0/0 de la population active parisienne totale.

Les étrangers à Paris, bien que fort industrieux et venus, dans leur majorité, soit pour gagner leur vie, soit pour « faire de l'argent, ne forment donc qu'*une partie réduite de la population active totale.* Ce point est à retenir lorsqu'on parle de la « concurrence étrangère ».

Dans chacune des grandes catégories professionnelles, nous trouvons des étrangers, soit comme patrons, soit comme employés, soit comme ouvriers, soit comme travailleurs isolés.

Nous pouvons les serrer de plus près, en établissant, pour les quatre nationalités que nous étudions, le chiffre de la population active dans chacun des vingt-quatre groupes professionnels adoptés par la statistique officielle.

La partie publiée du recensement de 1901 ne fournit sur les étrangers à Paris que des chiffres très sommaires (T. I, p. 328/29 ; T. IV, p. 508/9). Grâce à l'obligeance de Monsieur le Directeur de la statistique générale de la France, nous avons pu nous procurer au Ministère du Travail des chiffres plus détaillés sur la population étrangère active, dans les différentes professions à Paris. Ce relevé, sur des feuilles manuscrites, a été assez pénible. Souvent, nous nous sommes trouvé en présence d'un émiettement complet des travailleurs étrangers, éparpillés dans les 1.200 professions et métiers de la statistique officielle.

Suivre les travailleurs de quatre nationalités, comme patrons, employés, ouvriers et chômeurs, à travers plus de 1.200 occupations, est une tâche difficile, lorsque la statistique officielle fournit les unités, mais non pas les totaux.

Nous avons donc jugé plus sage de donner dans ce travail des chiffres approximatifs et de les donner *à titre d'indication* (1). Contrôlés par les faits et l'expérience, ils nous seront tout de même d'une grande utilité.

Pour les apprécier à leur valeur, il est indispensable de donner un aperçu général du marché du travail à Paris :

Nous trouvons une population active *totale* au-dessous de 1.000 personnes dans *les carrières* (48) et le travail des *pierres précieuses* (760).

Une population de 1.000 à 3.000 dans *la pêche et l'agriculture* (2.670).

Une population de 5 à 10.000 dans *la taille des pierres et le moulage* (6.830), *la céramique, verrerie* (6.969), les *crins, pailles, plumes* (7.380), les *soins personnels* (9.000).

Une population de 11-19.000 dans les *industries chimiques* (13.560), le *caoutchouc, papier* (14.425), les *spectacles et agences* (14.545).

Une population de 20-49.000 dans *l'industrie des métaux fins* (20.186), les *banques et assurances* (29.360), la *polygraphie* (35.630), *l'alimentation* (36.960), les *cuirs et peaux* (43.360).

(1) C'était d'autant plus indiqué que :

1° Par suite de fausses déclarations, ils n'ont jamais été rigoureusement exacts.

2° Etant au-dessous de la réalité en 1901, ils le sont davantage aujourd'hui.

3° Le but de notre travail n'était pas de faire le relevé exact des étrangers à Paris.

Une population de 50-99.000 dans les *terrassements et constructions* (60.330), l'industrie du *bois* (68.675), les *professions libérales* (78.835).

Une population de 100.000 à 150.000 dans les *services publics* (104.130), le travail des *métaux ordinaires* (112.995), la *manutention* et *les transports* (145.500).

Une population de 200 à 299.000 dans le *service domestique* (207.200) et le *travail des étoffes* (277.755).

Une population de plus de 300.000 enfin dans les *commerces divers* (355.400).

Ajoutons, en guise de commentaire, que les industries extractives, l'agriculture, la filature et la métallurgie ne sont pas *des industries parisiennes*, et que les services publics à Paris sont entièrement réservés aux Français.

La part des étrangers (Belges, Allemands, Suisses et Italiens) dans les 24 groupes professionnels est la suivante :

Carrières	0 (sur	48)	
Pierres précieuses. .	25 (sur	760) 1/30	0 à 99
Pêche, agriculture. .	67 (sur	2.670) 1/39	
Caoutchouc, papier .	83 (sur	14.425) 1/23	
Crins, pailles, plumes.	224 (sur	7.380) 1/33	
Spectacles, agences .	357 (sur	14.545) 1/40	100
Céramique, verrerie .	391 (sur	6.970) 1/17	à 499
Industries chimiques.	482 (sur	13.560) 1/28	

Services publics (1). .	520 (sur	104.128)	
Soins personnels. . .	533 (sur	9.000) 1/17	} 500 à 999
Métaux fins	573 (sur	20.385) 1/35	
Travail des pierres. .	711 (sur	6.830) 1/9	
Banques, assurances.	971 (sur	29.360) 1/30	
Polygraphie.	1.073 (sur	35.630) 1/38	} 1.000 à 5.000
Alimentation	1.529 (sur	36.960) 1/30	
Cuirs et peaux . . .	2.350 (sur	43.360) 1/18	
Professions libérales.	3.082 (sur	78.825) 1/25	
Industrie du bois . .	3.098 (sur	68.675) 1/22	
Manutent.,transports.	3.799 (sur	145.500) 1/38	
Terrass., constr . . .	4.449 (sur	60.330) 1/13	
Métaux ordinaires . .	4.453 (sur	112.995) 1/25	
Travail des étoffes . .	9.414 (sur	277.755) 1/29	} 5.000 à 20.000
Commerces divers. .	13.341 (sur	335.400) 1/25	
Service domestique .	15.696 (sur	207.205) 1/13	

Nous rappelons que ces chiffres sont au-dessous de la réalité. Mais tout porte à croire que la population active étrangère d'une profession dépasse rarement les 6, 9 0/0 de la population active totale, en rapport avec son nombre.

D'après les listes qui précèdent, nous pouvons affirmer que dans 11 groupes professionnels sur 23, les étrangers des 4 nationalités que nous étudions occupent une certaine place (1.000 à 20.000 personnes). Ce sont, par ordre décroissant : le service domestique, les commerces divers, le travail des étoffes, le travail des métaux ordinaires, les industries du

(1) Ambassades, consulats, etc. Comme le service public exclut pour l'étranger la libre concurrence, nous ne tiendrons plus compte de ce groupe professionnel.

bâtiment, la manutention et le transport, l'industrie du bois, les professions libérales, les cuirs et peaux, l'alimentation, la polygraphie. Il faut y joindre, comme 12e et 13e groupes, les banques et assurances, qui occupent très près de 1.000 personnes étrangères et le travail des pierres et moulage, industrie dans laquelle les étrangers que nous étudions forment 1/9 de la population active, bien que ce 1/9 n'atteigne pas 1.000 personnes.

Le fait que, dans 13 groupes professionnels sur 23, les Belges, Allemands, Suisses et Italiens jouent un certain rôle, est-il l'indice d'une spécialisation du travail ?

Il faudrait d'abord s'entendre sur le sens du terme « spécialisation ».

Dans tous les groupes professionnels à Paris, *le gros des travailleurs est de nationalité française*, il en résulte que le travailleur étranger (Belge, Allemand, Suisse, Italien ; patron, employé, ouvrier, travailleur isolé) n'apporte, dans tous les groupes professionnels, qu'*un appoint*. Il supplée à certaines insuffisances ou réticences de l'élément français à Paris.

Cette insuffisance peut être de deux espèces : *insuffisance du nombre, insuffisance de capacité*.

Dans le premier cas, il s'agit surtout de professions que le travailleur français abandonne, les trouvant trop dures, trop mal payées pour l'effort qu'elles lui coûtent, ou comportant une étroite dépendance (p. ex. le service domestique). Ce sont généralement de gros travaux (terrassements, démolitions, travaux dans es usines à gaz, les raffineries de sucre, le travail des pierres). Souvent ils ne supposent aucun ou peu d'apprentissage, servant de déversoir à la main-d'œuvre non qualifiée (manutention, transports, travail dans les fabriques de conserves alimentaires, la grosse confection).

Dans le second cas, il s'agit surtout de professions qualifiées, pour lesquelles le travailleur étranger apporte des aptitudes spéciales, par exemple la connaissance des langues étrangères dans le commerce, la banque, l'industrie des hôtels, l'enseignement, la connaissance approfondie des modes de production de certains produits étrangers (bière, charcuterie ; fourrures), enfin certaines dispositions *naturelles* qui font que l'Anglais et l'Allemand sont de très bons tailleurs pour hommes, les Italiens mouleurs, modèles, musiciens, etc.

Nous aurons, dans la suite, à examiner de très près ce qu'il en est de ces dispositions nationales *naturelles*. Il se pourrait bien qu'elles aussi ne fussent que le résultat d'une longue tradition et d'un genre d'éducation spéciale.

Nous pouvons dire, d'une façon générale, que le travailleur étranger non qualifié doit *trouver* sa place dans les groupes professionnels qu'on lui *abandonne,* et que le travailleur étranger qualifié doit être capable de se *faire* la sienne dans les groupes professionnels qui font appel à lui.

Dans le premier cas, nous avons *spécialisation de fait,* œuvre, surtout, de la force des choses, généralement sans choix, sans goût prononcé.

Dans le second cas, nous avons **spécialisation** *de capacité*, résultat d'un apprentissage spécial, d'une aptitude particulière, soit naturelle, soit acquise.

Il y a, évidemment, en dehors de ces deux possibilités, la catégorie de ceux qui arrivent sans capacité aucune, en dépit de toute vraisemblance, et par des moyens tout à fait déloyaux ; ils relèvent, non de la science, mais de la chance, et nous n'avons point à nous en occuper ici.

Quant à l'opinion que le travailleur étranger à Paris accapare certains métiers par l'offre d'une main-d'œuvre meilleur marché, d'une façon générale, elle n'est pas soutenable. Nous y reviendrons en détail.

Nous avons signalé la présence des quatre éléments étrangers que nous étudions dans les différents groupes professionnels. Les groupes qui occupent la population active totale la plus considérable, occupent aussi la population active étrangère la plus nombreuse, bien que la corrélation ne soit pas absolue (comparer le tableau précédent). Ainsi le travail des étoffes qui occupe 335.400 personnes, n'occupe que 13.000 Belges, Allemands, Suisses et Italiens, tandis que le nombre des nationaux de ces quatre pays, employés au service domestique, est de 16.000 sur une population active totale de 208.200.

La participation, séparément, de chacune des quatre colonies que nous étudions, aux 24 groupes professionnels, est la suivante :

Belges :

Carrières, taille des pierres précieuses, pêche, agriculture, caoutchouc papier, crins pailles plumes, céramique, verrerie (1). } 0 à 99

Spectacles agences, soins personnels, industries chimiques, alimentation, banques assurances, travail des métaux fins, taille des pierres et moulage, polygraphie. } 100 à 500

Terrassements construtions , professions libérales, cuirs et peaux.

Manutention transport, travail des métaux ordinaires, industrie du bois, service domestique, commerces divers, travail des étoffes. } 700 à 2000

(1) Cette dernière industrie a ses centres importants dans la banlieue parisienne, qui ne rentre pas dans le cadre de cette étude.

Allemands :

Carrières, pêche, agriculture, pierres précieuses, caoutchouc papier, céramique verrerie, travail des pierres moulage, industries chimiques, crins pailles plumes, spectacles agences, métaux fins.	0 à 99
Terrassements constructions, service personnel, banques assurances, polygraphie, cuirs et peaux, alimentation.	100 à 500
Métaux ordinaires , manutention transport, industrie du bois, professions libérales.	600 à 1000
Travail des étoffes, commerces divers, service domestique.	1800 à 7000

Suisses :

Carrières, pierres précieuses, caoutchouc papier, industries chimiques, crins pailles plumes, taille des pierres, pêche, agriculture , céramique verrerie, spectacles agences, métaux fins.	0 à 99
Soins personnels, polygraphie, cuirs et peaux, alimentation. banques assurances.	100 à 499
Manutention transport , industrie du bois, professions libérales, métaux ordinaires.	500 à 800

Terrassements construction, travail des étoffes, commerces divers, service domestique. } 1200 à 4000

Italiens :

Carrières, pierres précieuses, pêche, agriculture, caoutchouc papier, crins pailles plumes, spectacles agences, soins personnels. } 0 à

Banques assurances, métaux fins, céramique verrerie, polygraphie, industries chimiques, taille des pierres moulage. } 100 à 499

Alimentation, cuirs et peaux, professions libérales. } 500 à 999

Industrie du bois, service domestique, métaux ordinaires, manutention transport, travail des étoffes, commerces divers , terrassements constructions. } 1000 à 2500

Ce tableau autorise les conclusions suivantes : 1° Il existe une spécialisation nationale incontestable ; 2° les groupes professionnels à contingents étrangers minimes ou faibles trouvent suffisamment de main-d'œuvre française, parce que le travailleur français (patron, employé, ouvrier) considère son gain ou son salaire comme étant en rapport avec la somme d'effort demandée, comme rémunérateur ou simplement compensateur.

Il ne faut point oublier qu'à Paris, en opposition avec ce qui se passe dans les départements de frontière, le Français, rien que par son nombre, est *maître du marché*, que l'étranger, ne formant que 6, 9 0/0 de la population active parisienne totale, ne peut s'approprier que les industries dont le Français ne veut pas. Ainsi les Français monopolisent par exemple à Paris le travail des pierres précieuses, qui suppose des patrons riches, des employés bien payés, des ouvriers d'art fortement rémunérés (10 à 15 francs par jour), le travail du caoutchouc et papier, les industries chimiques, les crins, pailles et plumes, la polygraphie, les soins personnels, les spectacles et agences, et cela parce que ces professions ne sont ni trop pénibles, ni trop dangereuses, qu'elles sont, en partie, bien rémunérées (polygraphie), et que, dans leur plupart, elles supposent la connaissance parfaite de la langue et du pays.

Quant aux Belges, ils forment, avec les Italiens et les Suisses italiens, la majeure partie des étrangers dans les industries du bâtiment (terrassements, maçonnerie, démolition, peinture, fumisterie, verrerie), dans l'industrie du bois, le travail des métaux ordinaires, la manutention-transport. En d'autres termes, Belges et Italiens, à Paris, fournissent les plus rudes travailleurs, la plus grande quantité de main-d'œuvre pour les travaux de force.

Les Allemands et les Suisses, par contre, dominent dans le commerce, la banque, le service domestique.

Il y a donc, notre tableau l'indique, dans le travail à Paris, une spécialisation dont nous venons d'entrevoir les grandes lignes, spécialisation qui, d'un côté, se fait entre Français et étrangers, de l'autre, entre étrangers des différents pays, et qui, pour cette raison, prend les apparences d'une *spécialisation nationale*.

Cela ressortira avec plus d'évidence encore d'un tableau un peu plus détaillé des professions parisiennes.

Nous ne pouvons donner ici la liste de plus de 1.200 professions de la statistique officielle, mais en indiquant, pour chaque groupe professionnel et ses différents sous-groupes, les étrangers qui y détiennent le record, nous arriverons à un détail déjà très suffisant, et qui indiquera une spécialisation incontestable.

Nous laissons de côté les carrières, la pêche-agriculture et le service public, qui n'emploient, pour ainsi dire, pas d'étrangers (1) et nous avons alors le spectacle suivant, très caractéristique :

(1) Les deux premiers groupes n'ont aucune ou une minime importance à Paris ; le troisième est fermé aux étrangers.

Le plus grand nombre d'ouvriers étrangers :

ALIMENTATION :

Sucres, conserves : Italiens.

Brasserie, boulangerie, charcuterie : Allemands.

INDUSTRIES CHIMIQUES : Italiens.

POLYGRAPHIE :

Cartonage, reliure, brochage, imprimerie, gravure : Belges.

TRAVAIL DES ÉTOFFES :

Dentelles, broderie : Suisses.

Passementerie, matelasserie, tapisserie, confection, lingerie, chapellerie, fleurs artificielles, couronnes, blanchissage : Belges.

CUIRS ET PEAUX :

Peaux et cuirs, objets en cuir : Allemands.

Cordonnerie : Belges, Italiens.

INDUSTRIE DU BOIS :

Charpente : Italiens et Belges.

Carrosserie : Belges, Suisses.

Ustensiles en bois : Belges, Suisses.

Ebénisterie : Belges, Italiens, Allemands.

Instruments de musique, tabletterie, brosserie : Belges.

MÉTAUX ORDINAIRES :

Métallurgie (1), *forges, charpente en fer, armurerie* : Belges.

(1) Elle n'existe pour ainsi dire pas à Paris.

Tôlerie : Italiens.

Chaudronnerie, objets en cuivre, ferblanterie, galvanoplastie : Belges, Italiens.

Appareils électriques : Belges, Suisses.

Horlogerie, bimbeloterie : Suisses.

Instruments d'optique, Gravure sur cuivre : Allemands.

MÉTAUX FINS : Belges, Italiens.

TAILLE DES PIERRES : Belges.

MOULAGE : Italiens.

TERRASSEMENTS-CONSTRUCTIONS : Italiens, Suisses italiens, Belges.

CÉRAMIQUE-VERRERIE : Italiens.

MANUTENTION-TRANSPORTS : Italiens, Belges.

COMMERCES DIVERS :

Produits agricoles : Suisses.

Liquides : Belges.

Comestibles : Suisses et Belges.

Débits de boissons : Suisses et Belges.

Restaurants, hôtels : Allemands, Suisses.

Combustible : Belges, Italiens.

Papier, livres : Belges, Allemands.

Matières premières : Belges, Allemands.

Objets d'habillement : Belges, Allemands, Suisses.

Objets divers : Belges, Allemands.

Commissionnaires, courtiers : Allemands, Suisses.

SPECTACLES, AGENCES : Belges.

Banques, assurances : Suisses, Belges.

Professions libérales : Italiens, Allemands.

Soins personnels : Allemands, Suisses.

Service domestique : Allemandes, Suissesses.

Voilà qui indique, sans contredit, une spécialisation nationale dans le travail, à Paris. *Elle est un fait.* Rappelons pourtant que ce fait est éminemment variable dans ses détails, et qu'il dépend **toujours** *du Français* d'augmenter, de réduire, d'évincer les travailleurs étrangers sur le marché parisien : si le Français pouvait ou voulait entièrement satisfaire la demande parisienne, l'offre étrangère évidemment, ne se produirait pas ou finirait par se décourager. Du fait qu'en 1901, 118.000 étrangers, et notamment 72.000 Belges, Allemands, Suisses et Italiens, faisaient partie de la population active parisienne, il faut, pensons-nous, conclure que leur présence, loin d'être le fait d'un hasard ou d'un caprice, répondait à *un besoin.* Paris, pour des raisons que nous avons déjà rapidement indiquées, réclame une certaine quantité de travail étranger, les étrangers, pour des raisons que nous indiquerons tout à l'heure, répondent à cette demande. Il y a là, sous l'empire des lois économiques, un *échange de services* incontestable.

Nous avons, jusqu'ici, parlé des étrangers comme *travailleurs en général,* sans distinguer, en chiffres, la proportion des patrons, des employés, des ouvriers, des travailleurs isolés.

Dans toutes les sections professionnelles réunies, il y avait à Paris, en 1901, sur 100 personnes occupées, 10 chefs, 74 employés et ouvriers, 16 travailleurs isolés.

Le nombre des patrons, des employés et ouvriers, des travailleurs isolés était, par sections professionnelles et pour la population active totale :

	Chefs	Empl. Ouvr.	Trav. isolés
Pêche, agriculture . . .	814	1.275	414
Industries extractives . .	0	0	0
Industries de transforma-tion.	70.661	452.098	163.891
Manutention-transport .	1.692	128.281	3.459
Com^{ce}, spect., banque .	83.364	246.711	53.901
Professions libérales . .	4.819	27.200	41.698
Services pers. et domest.	2.674	206.533	969
Services publics	—	104.118	—
Total	164.094	1.166.216	264.332

Il y avait environ 72.000 personnes sans emploi, ce qui s'explique par la morte-saison qui frappe, à tour de rôle, un très grand nombre d'industries et de professions parisiennes.

Nous complétons le tableau précédent par celui des étrangers (Belges, Allemands, Suisses, Italiens) d'après leur situation, comme patrons, employés, ouvriers et travailleurs isolés dans les sections professionnelles :

	Chefs	Empl.,Ouvr.	Trav.isolés
Pêche,agriculture . . .	15	50	10
Industries de tranfor-			
mation	3.100	20.500	5.600
Manutention transport.	70	3.650	75
Commerce. spectacles,			
banques.	2.620	9.875	2.045
Professions libérales . .	90	735	2.260
Services personnels et			
domestiques.	95	16.025	85
Services publics	0	400	30
Total	6.000	52.000	10.000

Dans les quatre colonies étrangères que nous étudions, le patronat est représenté par 6.000 personnes, le salariat par 62.000. Ajoutons encore que le patronat comprend, par exemple dans l'ébénisterie, le travail des étoffes, et les commerces divers, une foule de petits et de tout petits patrons. Ces faits confirment ce que nous avons déjà constaté : les colonies belge, allemande, suisse et italienne à Paris sont des colonies de travail, de gens *qui peinent.*

Le patronat étranger que nous étudions, formait, en 1901, 1/27 du patronat parisien (6.000 : 164.094). Le salariat,1/22 (62.000 : 1.430 548).Ce sont des proportions modestes, même en admettant que la réalité les dépasse.

Indiquons encore la proportion des *patrons, employés-ouvriers* et *travailleurs isolés* dans chacune des 4 colonies étrangères :

Belges : Patrons, 2.000 ; employés-ouvriers, 13.400 ; travailleurs isolés, 3.700.

Allemands : Patrons, 1.220 ; employés-ouvriers, 15.200 ; travailleurs isolés, 2.500.

Suisses : Patrons, 1.500 ; employés-ouvriers, 11.300 ; travailleurs isolés, 1.800.

Italiens : Patrons, 1.260 ; employés-ouvriers, 11.500 ; travailleurs isolés, 2.300.

Il y aurait donc le plus de patrons et le plus de travailleurs isolés chez les Belges (ce qui paraît correspondre à la réalité, mais, nous le répétons, ce sont souvent de tout petits patrons).

Il y aurait le plus d'employés-ouvriers chez les Allemands. Mais ce chiffre d'ensemble appelle un commentaire : il est dû au nombre particulièrement grand des employés (employés d'hôtel, de commerce et de maison) parmi les Allemands. Les vraies colonies *ouvrières*, par contre, sont les colonies belge et italienne, ce qui ressort du fait que le chômage, les chiffres de 1901 l'indiquent nettement — atteignait surtout ces dernières colonies : 1.400 et 1.200 chômeurs, contre 800 chômeurs chez les Allemands et autant chez les Suisses.

Nous voyons donc que les 4 colonies qui nous occupent, ont des spécialités dans le travail, non seulement *par professions*, mais aussi par la situation des travailleurs *dans la profession*.

Ainsi — nous laissons de côté le *patronat* qui,

comprenant des personnes de situation trop différente, n'est guère concluant — la colonie allemande
et la colonie suisse sont nettement caractérisées par
l'élément très considérable des employés (commerce
et banque, hôtels, maison) :

> *Allemands* 10.300
> *Suisses*. 6.347

Les chiffres correspondants chez les Belges et les
Italiens sont beaucoup plus faibles :

> *Belges* 4.765
> *Italiens* 2.342

Tandis que les rôles sont renversés dès qu'il s'agit
d'ouvriers, là, les Belges et les Italiens dominent :

> *Belges* 8.000
> *Italiens* 8.100

Et les chiffres correspondants chez les Allemands
et les Suisses ne sont plus que de 4.200 et 4.240.

Nous en devons conclure que l'immigration allemande et suisse amène à Paris plus d'éléments
« bourgeois » et cultivés que l'immigration belge et
italienne. Parmi les Italiens surtout, l'élément illettré
est très considérable.

Il va de soi qu'à la différenciation des 4 colonies
au point de vue social correspond une différenciation
dans le *travail*, sur le marché parisien.

Jusqu'ici nous avons donné la parole aux chiffres,
pour établir une base de faits aussi large et objective
que possible. La vie économique et sociale étant un

perpétuel mouvement, nous n'y avons sans doute réussi que d'une façon tout à fait approximative. Etant maintenant relativement renseignés sur le nombre, la profession et la situation sociale des étrangers qui forment à Paris le gros de l'immigration travailleuse, nous pouvons aborder avec plus de détails la question très importante pour notre sujet : Pourquoi ces étrangers émigrent-ils ? Qu'est-ce qui les fait venir à Paris ?

Dans la vie économique internationale moderne, la migration des peuples continue toujours. Loin d'être de l'histoire ancienne, elle s'est particulièrement accentuée à l'époque contemporaine, grâce à l'essor industriel universel et au développement des communications. Les pays qui ont un trop plein de population, les pays qui souffrent d'une pénurie de main-d'œuvre ou qui, tout simplement, offrent beaucoup de travail, sont en rapports continuels les uns avec les autres, rapports dont la forme est variée, changeante, l'intensité inégale, mais qui, en tant que rapports, n'en sont pas moins durables et constants. La France, pays industriel le plus ancien du continent, Paris, centre (1) des industries françaises les plus recherchées, ont, depuis la fin du XVIIe siècle, attiré un nombre toujours croissant de commerçants, de fabricants, d'employés et d'ouvriers étrangers venus

(1) Soit comme lieu de production, soit comme marché.

pour acheter, vendre, échanger, pour apprendre, se perfectionner, gagner leur vie, obtenir de hauts salaires. Paris, centre de production et d'affaires, capitale la plus peuplée du continent, Paris, se distinguant par la solidité à la fois et l'élégance de ses produits, Paris, possédant une clientèle de luxe (la cour, l'aristocratie, les colonies étrangères) la plus raffinée de l'Europe, Paris, depuis le début de son ère industrielle, n'a cessé de payer les salaires les plus rémunérateurs. Il a par là acquis la réputation d'un des meilleurs marchés de travail du monde entier.

Cette réputation de Paris a agi, et elle agit toujours, surtout sur ses voisines de l'Est, du Nord-Est et du Sud-Est : Belgique, Allemagne, Suisse, Italie. L'Angleterre trouve des débouchés plus que suffisants dans son vaste empire colonial.

C'est par l'Allemagne aussi qu'arrivent à Paris les Scandinaves, les Autrichiens, les Slaves et les immigrants des Balkans. Ils viennent par étapes : les Scandinaves par Hambourg, Cologne ; les Autrichiens, les Slaves, les Roumains et les Turcs par Breslau, Berlin, Cologne ou par l'Allemagne du Sud. Il va de soi qu'un grand nombre arrive aussi par immigration directe. Mais on peut dire, d'une façon générale, qu'il existe en Europe des *routes internationales d'émigration*, foulées journellement, et cela depuis des siècles, par des milliers de chercheurs de travail et de chercheurs de fortune.

Ils se rendent à Paris en chemin de fer et à pied. Le nombre de ces derniers est plus grand qu'on ne pense, mais impossible à établir. Ils viennent à Paris non seulement de Gand, de Bâle et de Cologne, mais encore de Varsovie et de Tiflis.

Tout événement politique, qui jette la perturbation économique et sociale dans un pays européen, agit par contre-coup sur Paris et détermine une immigration des nationaux atteints vers la capitale française. Ainsi, depuis 5 ans, la colonie russe, qui jusqu'ici était une colonie exclusivement intellectuelle, voit s'adjoindre des éléments d'artisans et de professionnels. Le phénomène analogue se produit dans la colonie roumaine : les troubles agraires de Roumanie ont déterminé un exode plus marqué de professionnels (de tailleurs surtout) vers Paris.

Par contre, dès qu'un pays voisin de la France prend un essor industriel et commercial considérable, son immigration à Paris diminue ou change de caractère. C'est le cas de l'Allemagne, dont l'immigration à Paris est, à ce point de vue, une des plus curieuses, un exemple typique de la variabilité des phénomènes économiques et sociaux.

L'immigration des travailleurs étrangers à Paris est principalement déterminée par les causes suivantes : trop plein de population dans leur pays ou leur contrée ; troubles politiques et économiques ; insuffisance du travail national, soit en quantité, soit en qualité ;

désir de perfectionnement professionnel ; désir de chercher à Paris une consécration ; humeur voyageuse et vagabonde ; démêlés avec la justice de leur pays.

L'immense majorité des immigrants cherche à Paris un gain immédiat et supérieur au gain qu'offrirait leur pays d'origine. D'autres, venus surtout pour *apprendre* (volontaires), renoncent au gain ou se contentent d'un gain modeste, mais ne consentent àce sacrifice momentané que dans l'espoir, d'ailleurs justifié, de se faire payer plus cher, une fois retournés au pays.

Ceux qui obéissent à l'humeur voyageuse sont très nombreux. Les recherches que cette enquête comportait, nous ont démontré que beaucoup d'immigrants parisiens viennent par simple curiosité. Un beau jour, on ne sait ni pourquoi, ni comment, le *Wandertrieb* s'empare des âmes aux fins fonds des Balkans, de l'Allemagne, de la Sicile : il faut qu'ils viennent à Paris, il faut qu'ils aient vu cette ville merveille, où l'on gagne de si beaux salaires, où l'on s'amuse si bien, où le travail ne saurait leur manquer (1) ! C'est une hantise, un mirage, et ils partent, seuls ou par groupes, directement ou par étapes, célibataires ou mariés, jeunes ou vieux. Il y en a qui passent leur vie à voyager, à vagabonder sans prendre racine nulle part, et qui finissent par ne plus avoir de patrie.

(1) Le désir d'émigration s'empare de régions entières.

Beaucoup partent pour Paris à l'occasion des expo-
sitions internationales, si nombreuses depuis 1868.
Parmi les ouvriers allemands, par exemple, plus d'un
nous a dit qu'étant uniquement venu « pour avoir vu
çà » et comptant repartir ensuite, il s'était pourtant
définitivement fixé à Paris. Beaucoup de ces voyageurs sont d'une imprévoyance extrême, ils partent
sans ressources, confiants dans leur étoile, pour
échouer piteusement au seuil des différentes sociétés
de bienfaisance ou des consulats, chargés du rapatriement des épaves. C'est entre les représentants de
l'autorité, les œuvres de bienfaisance et ces sans-
travail une lutte organisée et en règle. Les sans-tra-
vail et sans-ressources déploient des ruses d'apaches
(ainsi le prêt des faux papiers est institué parmi eux,
et les bénéfices d'une opération fructueuse sont par-
tagés entre prêteurs et emprunteurs) pour obtenir
des secours, rapatriements gratuits et faveurs, auxquels ils n'ont souvent aucun droit. « Si nous voulions
rapatrier tous les jeunes gens valides, nous a dit un des
membres d'une importante société philanthropique
étrangère, nous pourrions faire partir, chaque jour,
un train spécial ».

Ces imprévoyants ne sont pas toujours de mauvais
travailleurs. Ils sont jeunes, ignares ; ils ont subi
l'entraînement de Paris, l'exemple contagieux des
plaisirs de la grande ville ; ils ont perdu leur place et
n'ont pas réussi à en trouver une autre. Ceux qui ont

eu des démêlés avec la justice de leur pays ne sont pas toujours non plus des éléments sans valeur sociale. Mais si l'on trouve parmi eux ce qu'il peut y avoir de meilleur, c'est-à-dire des gens capables de défendre une idée et de souffrir pour elle, ils comprennent aussi ce qu'il y a de pire dans les colonies étrangères : les indisciplinés et révoltés de tout acabit, ceux qui sont réfractaires à tout ordre, tout travail régulier, les agitateurs, les fauteurs de désordre ; comme toute agglomération humaine, les différentes colonies étrangères à Paris ont leurs bas-fonds. Mais, nous le répétons, tout porte à croire que la majorité des immigrants étrangers à Paris représente une moyenne plutôt élevée d'initiative, de sobriété et d'intelligence.

A preuve, le fait très important que le travailleur qualifié (employé, ouvrier) y domine et que le fonctionnaire budgétivore, assuré du lendemain, en est presqu'entièrement absent. Le travailleur étranger, c'est absolument certain et incontestable, vient à Paris *en possession de son métier* ; que ce métier soit manuel ou intellectuel, n'importe, son apprentissage est fait ; il ne demande à l'employeur parisien que le perfectionnement (tour de main, procédé spécial, mode, goût, chic, élégance). Des travailleurs, ainsi préparés, venus avec le désir ou de « profiter » ou « d'arriver », sont d'excellents éléments. D'ailleurs, de l'avis général, le professionnel étranger qualifié à

Paris (employé ou ouvrier) se distingue par un apprentissage très complet, une connaissance approfondie du métier la solidité ou l'élégance (1), de l'exécution, par l'assiduité et la régularité au travail. Il accepte plus facilement une certaine discipline, admet les observations, se tient généralement à l'écart des querelles politiques et des grèves. *Il ne fait pas baisser les prix,* loin de là, étant venu pour « gagner ».

L'ouvrier étranger non qualifié partage ce désir de « gagner » : n'est-ce pas pour cette raison qu'il a quitté le pays ? Sans doute, n'étant que peu ou point qualifié, il doit s'adapter davantage, se rabattre sur les occupations que le Français lui abandonne. Mais dans ces métiers plus rudes, l'étranger apporte généralement les mêmes qualités d'assiduité et de discipline qu'on trouve chez le travailleur étranger qualifié. Quant aux salaires, l'ouvrier étranger non qualifié peut trouver relativement élevé un salaire, jugé insuffisant par l'ouvrier français, et s'en contenter. C'est une question de point de départ. Dans ce cas, le métier qui l'emploie deviendra très probablement une spécialité étrangère, mais n'oublions pas qu'il s'y trouve toujours un nombre égal et généralement supérieur de Français.

Il y a pourtant un moment dans la vie de l'immigrant à Paris où il court le danger d'être exploité et

(1) Les Autrichiens, Slaves, Italiens, Roumains se distinguent par leur *goût* dans certaines professions.

de faire baisser les salaires. C'est le moment où, ignorant de la langue et du pays, ayant peu de ressources et cherchant du travail, il débute. Constatons que ce n'est pas, généralement, le patron français qui l'exploite, mais que ce vilain rôle est le plus souvent tenu par un compatriote.

Ceci s'explique par le mécanisme spécial de l'immigration étrangère à Paris. Aujourd'hui tout immigrant, de quelque pays qu'il soit, trouve à Paris des compatriotes dans la population active, et probablement aussi dans sa propre spécialité. Le patronat parisien est cosmopolite, comme le salariat.

Quoi de plus naturel alors pour le nouvel arrivé que de s'adresser à un compatriote afin de trouver de l'ouvrage. C'est vers lui qu'il croit pouvoir aller de confiance, et comme il est, pour le moment, un être sans défense, cette confiance est parfois brutalement exploitée. Nous en citerons, dans la suite, des exemples typiques.

Les patrons, ou, terme qui les caractérise mieux, les *entrepreneurs* étrangers, constituent un rouage très important dans l'immigration étrangère à Paris. Ce sont eux qui, très souvent, *font venir* des compatriotes, qui décident l'émigration de familles, de villages entiers, qui provoquent ou découragent des courants d'immigration, selon les exigences du marché et, sans doute, aussi parfois de leur propre poche. A leur tour, il veulent « gagner », fût-ce aux dépens de leurs compatriotes.

C'est un fait établi que bon nombre de maisons étrangères ou d'origine étrangère à Paris emploient surtout leurs nationaux ou leur accordent, du moins, la préférence. Et il est aussi incontestable *qu'un* étranger dans une entreprise tend à en introduire d'autres. A tel point, nous éprouvons tous le besoin de nous appuyer sur nos semblables et d'augmenter ainsi notre force de résistance. Car il est évident que 2, 10 ou 20 étrangers de la même nationalité, se sentant les coudes et se soutenant mutuellement (1), se défendront mieux que des unités isolées.

Mais, d'une façon générale, le patron parisien, habitué à une main-d'œuvre cosmopolite, ne s'arrête pas à la question de nationalité et regarde surtout aux qualités et aux conditions du travail.

D'autres combinaisons se présentent lorsque des maisons françaises ou des maisons étrangères n'emploient, par principe, que de la main-d'œuvre française, et que des maisons étrangères ou des maisons françaises ne se servent, également par principe, que de la main-d'œuvre étrangère.

Il est encore un point qu'il importe d'examiner avant d'aborder l'étude détaillée des quatre colonies que nous avons choisies plus particulièrement, c'est de savoir si les immigrants étrangers viennent à Paris avec ou sans esprit de retour. D'une façon générale,

____

(1) Ce qui ne les empêche pas de se quereller et de se jalouser à leurs heures.

on peut dire, croyons-nous, que ces derniers sont de beaucoup les plus nombreux. Puis, peu à peu, un certain nombre, trouvant du travail, gagnant bien, entrevoyant un avenir, ou prenant simplement l'habitude de la vie parisienne, prolonge son séjour, et cela d'année en année, jusqu'à rester définitivement. Sous ce rapport, la colonie belge paraît la plus ancrée à Paris et la plus stable, puis la colonie suisse.

Beaucoup d'immigrants se fixent en France parce que ils ou elles s'y marient. D'autres qui, bien que mariés dans leur pays d'origine, s'étaient d'abord aventurés seuls à Paris, y font, dans la suite, venir leurs familles.

Lorsque la chance leur est contraire, le fait d'avoir une famille à soutenir les rive sur place, les frais de déménagement étant trop considérables, et les voue à la misère perpétuelle. Il y a là de grandes tristesses que les sociétés de bienfaisance nationales n'arrivent à soulager que très imparfaitement.

Dans le même cas déplorable, se trouvent les vieillards et invalides des deux sexes, d'origine étrangère. Souvent, par suite d'un séjour ininterrompu de 10 ans à Paris, ils ont perdu leur propre nationalité, sans pour cela, acquérir la nationalité française. Ils sont alors, pour ainsi dire, entre deux sièges, ni leurs nationaux ni les autorités françaises ne sont *obligés* de leur venir en aide. Mais eussent-ils même conservé leur nationalité d'origine et par là le droit d'être secourus par leurs communes natales, que ce rapatriement, loin de paraître une solution bienfaisante, leur inspire généralement la plus vive aversion. En effet, il romprait toutes leurs habitudes, toutes leurs attaches, et les placerait, à un âge où l'on ne s'adapte plus, dans un milieu plus étranger que l'étranger, devenu la seconde patrie. Ceci explique que la colonie anglaise et la colonie suisse aient créé à Paris des maisons de retraite pour vieillards indigents, et que d'autres colonies étrangères aspirent à en établir.

Nous ne pouvons affirmer, chiffres en main, combien d'immigrants par an se parisianisent définitivement. Mais qu'on étudie avec attention les enseignes des boutiques, qu'on feuillette le Bottin, qu'on remonte à l'origine de bon nombre de grandes maisons parisiennes, qu'on se rappelle le nombre très considérable des naturalisations, les efforts de la loi française pour assurer à la France ce qu'on pourrait appeler « le bénéfice de la seconde génération », et l'on partagera notre avis que, chaque année, les colonies étrangères de Paris voient une partie des leurs prendre racine dans le sol français et y faire souche. Il nous a paru qu'Allemands et Italiens étaient ceux qui, pour des causes différentes, rentrent actuellement le plus souvent dans leur pays d'origine. C'est peut-être un fait momentané, car rien d'immuablement fixe ne peut être établi dans un domaine qui est la vie moderne et vivante même.

Nous pouvons résumer la situation par la parole d'un prêtre belge qu'il appliquait, il est vrai, à ses propres nationaux, mais qui est aussi vraie pour les autres étrangers : « Ils restent, quand cela va bien, et quand cela va mal, ils restent aussi, parce que la honte les empêche de rentrer (1). » Ainsi se forme le noyau stable des colonies étrangères de travailleurs à Paris.

Les éléments de passage ou ne réussissent pas, se découragent et abandonnent la partie, ou ont des raisons assez puissantes pour rentrer au pays, même lorsque Paris leur sourit : attaches ou devoirs de famille, situations avantageuses ou à vie, la direction d'une maison de commerce, d'une usine, d'un atelier, l'espoir fondé d'obtenir au pays, grâce à ce qu'ils ont acquis à Paris, une rémunération supérieure et l'accès des meilleures places.

Etant renseignés sur les conditions d'émigration et d'immigration des travailleurs étrangers en général qui viennent à Paris, nous pouvons maintenant examiner en détail chacune des quatre colonies qui constituent le sujet de notre étude spéciale, ce qui, croyons-nous, sera aussi le meilleur moyen de connaître à fond leurs « aptitudes nationales ».

Faire une enquête de ce genre à Paris est, malgré les très grandes distances et l'infinie complexité du

____

(1) Quand cela va bien, on reste, nous disait un pasteur allemand, quand cela va mal, on ne peut partir.

sujet, un travail agréable, intéressant, passionnant même. Comme le chasseur à l'affût du gibier, l'enquêteur est à l'affût des renseignements inédits et de première main. Les autorités, habituées à des demandes de renseignements multiples, sont très accessibles et fort accueillantes. Le patronat, au courant des enquêtes sociales et de leur utilité, s'empresse d'ordinaire de répondre obligeamment, courtoisement, promptement aux questions posées. Parmi les présidents des chambres syndicales, les directeurs des sociétés de bienfaisance et d'œuvres, parmi les employés et ouvriers, les prêtres, religieuses, pasteurs et laïques, parmi les membres compétents des colonies étrangères, au ministère du travail, dans les consulats et chambres de commerce, partout nous avons trouvé d'obligeants et consciencieux collaborateurs. Il n'y a pas jusqu'aux gens dans la rue auxquels nous ne soyons redevables pour tel détail pittoresque, telle observation judicieuse, telle remarque révélatrice, tel mot amusant, telle expression savoureuse.

Nous tenons à remercier ici tous ces collaborateurs pour le concours désintéressé qu'ils nous ont prêté, sans marchander leur temps et leur peine.

L'étude détaillée de chacune des quatre colonies étrangères s'impose parce que, par le rapprochement des chiffres de 1901 et des faits de 1907, elle établit le contrôle et permet la rectification des premiers ; parce que la spécialisation du travail est, généralement, le résultat d'une organisation spéciale aussi de la profession, organisation sur laquelle la statistique ne saurait nous renseigner.

La colonie belge à Paris.

Officiellement, il y avait en 1901, à Paris, 28.000 Belges ; des personnes compétentes nous ont affirmé que le chiffre réel était de beaucoup supérieur (50.000 !). La population belge à Paris se composait, en 1901, de 13.940 hommes, de 14.020 femmes ; elle comptait donc un nombre légèrement supérieur de femmes.

La population active belge était de 20.650 personnes, plus des 2/3 de la population totale ; le nombre des personnes inoccupées — rentiers, enfants, invalides, vieillards — ou des personnes n'exerçant aucune profession rémunérée, — ménagères — 8.000 en tout, est considérable.

Pourtant, ce ne sont pas les rentiers qui dominent ! La colonie belge n'est pas une colonie de luxe, la grande richesse y est rare, et même la large aisance n'y est pas très répandue, à preuve les quartiers habités par la majorité des Belges à Paris ; ce sont surtout les quartiers excentriques et assez pauvres du Nord et de l'Est : les 10e, 11e, 17e, 18e, 19e et 20e arrondissements, le faubourg St-Antoine, Charonne, Batignolles, Clichy, la Villette.

La colonie belge est « fondue presqu'entièrement

dans la population française ». « Le Belge à Paris est parisien » (1). Cela s'explique : les Flandres ayant, autrefois fait partie de la France, le Belge en se rendant à Paris se considère, plus qu'aucun autre étranger, comme chez lui. Entre la France et la Belgique, il y a similitude de langue et de religion. Le Wallon est tout de suite acclimaté à Paris, le Flamand, pour peu qu'il reste, s'acclimate ou retrouve à Paris une petite patrie flamande (2). La seconde génération, grandie à l'école primaire française et dans la rue parisienne, est acquise à la France.

Le département du Nord fait le pont entre la Belgique et Paris ; dans le Nord, Belges et Français se confondent inextricablement dans le travail et la vie sociale (mariages, etc.). La colonie belge à Paris se groupe autour de la légation-consulat, de la chambre de commerce et de la mission belge, rue de Charonne. Composée d'une fort belle église, d'une maison d'habitation, d'un « cercle » et d'un vaste jardin avec jeu de boules et tir à l'arc (2 sports nationaux), la mission belge à fort bel air. Elle relève de l'évêché de Gand, et elle est desservie par un certain nombre de prêtres, veillant au bien matériel et moral de leurs compatriotes. Des religieuses belges, aujourd'hui en costume

(1) Morhardt, Les colonies étrangères à Paris, *Dictionnaire de la France et des colonies.*

(2) La Belgique comprenant 4 millions de Flamands et 3 de Wallons, l'immigration à Paris reproduit à peu près cette proportion.

laïque, s'occupent des patronages d'enfants belges.
Les dimanche et lundi, on se réunit à l'église et au
cercle.

La mission est d'origine flamande, née du besoin
des immigrants flamands de se confesser dans leur
langue.

Un noyau de 2 à 300 familles constitue la clientèle
la plus fidèle de la mission, celle « des bons jours ».
Il y en a une autre, qui ne trouve le chemin de la rue
de Charonne qu'aux heures de détresse.

L'immigration de célibataires domine, jeunes
hommes pour les rudes travaux, jeunes filles pour le
service domestique. Mais l'immigration par familles est
très fréquente et souvent stable, ce qui explique la
grande proportion de la population non active. Pourtant, et d'une façon générale, une grande partie de la
colonie belge est fort itinérante. Cela tient au voisinage des deux pays qui permet des déplacements
fréquents, parce que peu coûteux (1); au fait que
beaucoup de Belges possèdent chez eux un petit coin
de terre, qu'ils vont voir de temps à autre, soit qu'ils
l'aient affermé, soit qu'une partie des leurs l'habite ;
au caractère saisonnier d'un certain nombre de travaux exécutés par les Belges en France, *et qui les font
passer par Paris*. Ainsi les travaux agricoles en
France, les récoltes surtout, ne sont plus actuellement

(1) Les arrondissements de Bruxelles, de Bruges et de
Gand fournissent le plus d'immigrants.

possibles sans le concours des étrangers. Parmi eux les Belges forment la majorité. Employés à la culture de la betterave dans le Nord, ils vont moissonner ensuite dans toute la région des blés, de l'Yonne jusqu'en Seine-et-Oise, pour revenir au Nord pour la récolte des betteraves. Dans les régions forestières de la France (Ardennes, forêt de Fontainebleau, etc.), les Belges travaillent à l'abatage, au décorticage des arbres, etc.

Passant tous d'une région à l'autre, ils passent aussi d'une occupation à l'autre, et dans les intervalles des différents travaux, des différentes récoltes, ils y en a qui rentrent dans leur pays cultiver ou moissonner leur propre champ (1).

Dans leurs pérégrinations, ils touchent souvent Paris, ce qui a décidé l'envoi à la mission belge, pendant 2 ou 3 mois de l'année, d'un prêtre occupé spécialement des Belges saisonniers.

Or, un certain nombre de ces ouvriers agricoles reste à Paris. Ils trouvent du travail chez des horticulteurs, ils se font manœuvres et hommes de peine, ils demandent un emploi comme terrassiers et se parisianisent.

Les terrassiers et maçons belges ont peu de rapports avec la mission. Disons tout de suite qu'ils en demeurent fort loin, notamment à Levallois-Perret, où

(1) V. Vandervelde. *L'exode rural et le retour aux champs.*

l'on peut voir 3 bâtiments presqu'entièrement habités par des terrassiers belges. L'un des bâtiments, une spacieuse maison de 5 étages, entourant une vaste cour carrée, fort proprement tenue, est réservé aux familles, les deux autres aux célibataires (1). Ces derniers bâtiments ne comprennent pas d'appartements, ils se composent exclusivement de chambres. Deux, trois hommes habitent la même pièce, rudimentairement meublée ; d'ailleurs à proprement parler, ils ne l'habitent pas, mais tout simplement y couchent. Ils prennent leurs repas et passent leur soirée chez le marchand de vin ou chez des compatriotes.

Terrassements, maçonnerie, démolitions, travaux de puisatiers, sont 4 industries connexes, occupant, d'après le recensement de 1901, environ 600 Belges à Paris. Ce chiffre est certainement de beaucoup dépassé aujourd'hui : « Les Français ne font pas ce travail », nous disait un expert. Si par Français on entend *Parisien*, le jugement est certainement juste. Le *Parisien* ne se distingue pas par la force physique.

Mais le Français de province qui immigre à Paris, l'Auvergnat, le Limousin surtout, apportant ses rudes muscles, est très capable de faire ces gros travaux, et c'est lui que nous trouvons côte à côte avec le

(1) Nombre de ces « célibataires » sont mariés en Belgique, mais viennent seuls à Paris pour la saison et s'en retournent en suite chez eux.

Belge, le Luxembourgeois, l'Italien dans ces métiers pénibles et dangereux.

Nous rappelons ici que l'affluence de la main d'œuvre étrangère dans les régions de frontière ayant donné lieu à des plaintes de la part des ouvriers français (envahissement, concurrence, baisse des salaires),une enquête officielle eut lieu en 1898 sur l'emploi de la main d'œuvre étrangère dans les travaux publics (1). Elle eut pour résultat le décret du 10 août 1899 sur les conditions du travail dans les marchés, passés au nom de l'Etat. Ce décret exige que, dans les travaux de l'Etat, des départements et des communes, les entrepreneurs n'emploient d'ouvriers étrangers que dans une proportion, fixée par l'administration, selon la nature des travaux et la région où ils sont exécutés. Cette disposition laisse évidemment une certaine marge. Généralement la proportion autorisée d'étrangers est de 10 0/0. A Paris, nous croyons pouvoir l'affirmer, elle n'est jamais atteinte. Dans les régions frontières elle est, nous a-t-on dit, même dépassée ; d'où plaintes, renvoi des ouvriers étrangers et arrêt des travaux par suite de l'insuffisance de la main d'œuvre française.

La convention du 12 juin 1906, entre la France et la Belgique, garantit aux ouvriers belges de France le bénéfice de l'assurance sur les accidents (2).

(1) *Bulletin de l'Office de travail*, novembre 1898.
(2) Le projet de loi (en suspens) sur les retraites ouvrières

Les salaires dans le bâtiment à Paris sont, pour les ouvriers, de 6 à 9 francs pour 10 heures de travail. Les étrangers généralement ne travaillent pas à meilleur compte à Paris ; si cela arrive dans des cas isolés, la différence est minime : 0 fr. 05 l'heure, 0 fr. 50 par jour.

Beaucoup d'entrepreneurs de terrassements, de maçonnerie, de démolitions, etc., étant Belges et Luxembourgeois, emploient de préférence des compatriotes. Parmi ces patrons, il y en a qui sont arrivés par un travail acharné, ayant débuté fort modestement dans une des simples logettes de la rue Victor-Hugo, à Levallois.

Nous donnons ici le jugement d'un sergent de ville sur les terrassiers belges de son quartier. Il les connaissait bien, pour les avoir assistés maintes fois dans différentes circonstances mouvementées de leur vie parisienne :

« Ah, les Belges ! Eh bien, ce sont de braves gens, de bons ouvriers, tranquilles, pas raisonneurs, pas querelleurs, pas des galvaudeux, mais poivrots. Alors on les ramène chez eux, on les met dans le corridor,

ne fait bénéficier l'ouvrier étranger de l'assurance contre l'invalidité et la vieillesse que s'il existe réciprocité entre la France et son pays, et s'il est assuré en France depuis 5 ans. — Dans ce cas seulement, il profite du versement patronal et du versement de l'État. — Toutefois, le patron est *toujours* obligé de verser la part de ses ouvriers étrangers ; le fonds ainsi constitué augmentera les retraites des ouvriers français.

et les copains les montent dans leur chambrette. »

Il y a là évidemment un souvenir de kermesse flamande. Un certain nombre de ces « poivrots » tombe sous la dépendance de marchands de vins qui, chaque matin, leur avancent 1 fr. à 1 fr. 50 pour la journée, et le jour de paye se dédommagent largement sur le salaire de la semaine ou de la quinzaine.

Dans la charpente à Paris, il n'y a « pas d'étrangers, pour ainsi dire ». « Les traditions du métier les éloignent. » « La charpente française a des traditions qui la garantissent de la concurrence étrangère ; l'ouvrier étranger ne sait pas travailler comme l'ouvrier français. » Nous citons ces passages de : *Les charpentiers de Paris*, de M. du Maroussem, passages qui, écrits il y a douze ans, sont toujours exacts.

La tradition nationale de la charpente française ne permet pas de faire appel à la main d'œuvre étrangère. L'entrepreneur de charpente à Paris doit donc satisfaire les exigences de l'ouvrier français, il ne peut s'adresser ailleurs. Aussi le charpentier parisien gagne-t-il plus facilement 0 fr. 90 l'heure que le terrassier et le maçon, et le travail de charpente est moins dur, moins pénible, moins dangereux.

Mais de cet état de choses, il ne faudrait pas conclure que l'ouvrier étranger soit *incapable* d'être charpentier ni que le Français ait une aptitude spéciale pour la charpente (1). C'est une question d'appren-

(1) Il y a d'ailleurs dans ce métier un certain nombre de Belges et d'Italiens.

tissage, de méthode, de tradition : que les Belges adoptent les procédés de la charpente française, que les Français abandonnent la charpente, parce qu'ils trouvent des débouchés meilleurs et, très probable-ment, après une époque de transition, le Belge sera, à Paris, aussi bon charpentier qu'il y est déjà maçon. La capacité actuelle spéciale du Français n'implique pas l'incapacité irrémédiable du Belge à le remplacer, le moment venu.

La céramique emploie, ainsi que la faïencerie, très peu d'ouvriers étrangers, la main d'œuvre française étant suffisante parce que évidemment satisfaite de ses conditions de travail.

Par contre, la briqueterie et la verrerie emploient beaucoup d'étrangers, « la main d'œuvre étant ex-cessivement rare dans ces métiers ». Les centres de la briqueterie et de la verrerie ne se trouvent guère à Paris, mais surtout dans la banlieue et dans le reste du département de la Seine. Ils ne font donc pas, strictement parlant, partie de notre étude. Nous nous y arrêterons tout de même, ne pouvant passer sous silence des détails importants pour notre sujet.

La briqueterie est un métier dur, sale, pénible, insalubre (1), la verrerie un métier épuisant et in-salubre au premier chef (2). L'ouvrier français, à

(1) Séjour prolongé dans des endroits humides.
(2) Séjour dans des températures élevées, surmenage des poumons, etc.

Paris et dans la Seine, s'est en grande partie soustrait à ces travaux. Et ce sont des ouvriers belges qui travaillent dans les briqueteries, des ouvriers belges et allemands qui se trouvent dans une proportion assez importante dans toutes les usines de verrerie. « En raison de leur capacité spéciale et de leur assiduité au travail, ils rendent des services appréciables, et pour cette raison leurs salaires sont au moins égaux à ceux que gagnent les ouvriers français » (1).

Voilà donc 2 métiers très peu recherchés par l'ouvrier français, ce qui se manifeste toujours par l'abandon de l'apprentissage : rares sont les parents français à Paris qui envoient leurs enfants faire un apprentissage dans une briqueterie ou une verrerie. L'industrie, sous peine de péricliter, devait faire appel à des ouvriers adultes, spécialistes du métier. Ces ouvriers sont des étrangers, Belges, Allemands, parce que, dans ces 2 pays, *l'apprentissage existe encore*. Ce point est à retenir. Nous ferons la même observation pour d'autres métiers.

La taille des pierres, du marbre surtout, est une spécialité belge. Pays de carrières (granit, pierre bleue, marbre), la Belgique forme d'excellents tailleurs de pierres. Ils travaillent d'abord dans le Nord sur la frontière franco-belge. « Ce sont les meilleurs de ces

(1) Tous les passages cités sont empruntés à un rapport qu'a bien voulu nous adresser le président de la Chambre syndicale de la céramique et de la verrerie à Paris.

ouvriers qui viennent à Paris. » « Ils sont surtout employés dans la marbrerie de luxe, la seule qu'on fabrique encore à Paris. » « Ce sont de bons ouvriers, assidus, travailleurs, économes et connaissant bien leur métier. » « Les salaires sont les mêmes que pour les ouvriers français. » « Le nombre des étrangers est de 20 0/0 (1). » « Le nombre des ouvriers parisiens diminuant de jour en jour, il ne se forme plus d'apprentis, et bien qu'on donnerait de grand cœur la préférence aux ouvriers français, il ne s'en présente pas (2). »

Les Belges sont d'habiles manieurs de fer et d'acier, leur industrie métallurgique en fait foi. Bien qu'ils trouvent un travail considérable dans l'industrie des métaux ordinaires belge et dans la même industrie du département du Nord français, un certain nombre de Belges (1.400) travaillent à Paris dans la mécanique, la chaudronnerie-fonderie, la clouterie, tôlerie, ferblanterie, les articles en cuivre, etc. Les uns, sans doute, sont nés à Paris et par suite adaptés à la production française, les autres immigrent du Nord ou de Belgique, attirés par les hauts salaires, des liens de parenté, etc. D'après la statistique de 1901, les Belges fournissent le contingent le plus fort des ouvriers étrangers dans l'industrie des métaux ordinaires à Paris.

(1) Le nombre des étrangers paraît avoir doublé depuis 1901.
(2) Rapport de la marbrerie de bâtiment.

Paris, nous l'avons déjà dit, n'est pas un centre pour cette industrie, mais il est réputé pour la mécanique. Et si, au moment où nous écrivons ceci, l'industrie française du fer et de l'acier souffre, en Meurthe-et-Moselle par exemple, d'une pénurie extrême de main d'œuvre (1), Paris, à son tour, a de la peine à satisfaire la demande de bons mécaniciens, l'essor prodigieux de l'automobilisme les ayant, pour ainsi dire, accaparés par des salaires d'industrie de luxe, des prix de fantaisie (2).

Dans la zinguerie, cuivrerie et ferblanterie, on emploie un certain nombre de Belges, de même dans l'industrie du cycle et de l'automobile, mais ils ne sont qu'un nombre infime. Les salaires sont de 1 fr. 10 à 1 fr. 20 l'heure, pour les ouvriers étrangers comme pour les indigènes.

Jusqu'ici nous avons constaté la présence des Belges et leurs conditions de travail dans la grande industrie, qu'ils servent surtout en qualité d'ouvriers.

Or les métiers que l'opinion générale considère, avec les terrassements, comme les métiers belges typiques à Paris, l'ébénisterie, la cordonnerie et la confection, nous montreront le Belge patron.

(1) Il lui manquait, en mai 1907, 5.000 à 7.000 ouvriers, et le nombre des chômeurs (1 0/0) était à peine suffisant pour remplacer les cas de maladie.

(2) Le chiffre d'affaires était de 71 millions en 1904, de 104 millions en 1905, de 136 millions en 1906.

L'industrie du meuble, une partie de l'industrie du bois, est aujourd'hui fixée au faubourg Saint-Antoine. Elle s'étend de la place de la Bastille jusqu'à la rue de Charonne et la rue de Montreuil. Plus on s'éloigne de la Bastille vers les portes de la ville et la banlieue, plus l'industrie du meuble, d'une grande industrie florissante, devient un triste métier de meurt-de-faim, qui finit dans un véritable « sweating ».

L'industrie belge du meuble a ses centres à Gand et à Malines. Elle fournit de bons ébénistes, qui ont fait un solide apprentissage. Dans l'ébénisterie parisienne, il faut distinguer les meubles de haut luxe, presqu'exclusivement réservés aux ouvriers français, parisiens mêmes, au sens plus étroit du mot ; le meuble courant et le meuble camelote. Dans les deux dernières catégories, nous trouvons les Belges, les Allemands et les Italiens. En 1901, les Belges étaient les plus nombreux (environ 1.000).

L'industrie du meuble est une industrie très française ; elle est, en plus, une des industries parisiennes de luxe. Elle a fourni, depuis Louis XIII, des modèles au monde entier. Les menuisiers en siège, les sculpteurs d'ameublement sont des artistes. Ils possèdent une tradition nationale de goût et d'élégance qui les met hors pair. Nous avons parlé tout à l'heure de la charpente française : faites faire à un Belge son apprentissage de charpentier en France, il emboîtera le pas aux camarades français. On réussira beaucoup

plus difficilement à transformer un ébéniste belge
en ouvrier d'art parisien. C'est un exemple de spécialisation française reposant sur une capacité nationale
particulière, fruit d'une longue éducation de l'œil et
de la main. Il y a là un acquis, une supériorité
française, que l'étranger n'atteint que lorsqu'il est
entièrement façonné par le milieu, l'ambiance parisienne, ou qu'il apporte un don spécial (1). Il y en a
qui viennent chercher au faubourg Saint-Antoine ce
perfectionnement du goût et du procédé. Ils ne sont
pas très fréquents parmi les Belges.

L'ébéniste belge, dans sa majorité, fait l'article
courant, solide, adapté au goût de la clientèle bourgeoise, le meuble de faux luxe à bon marché, et le
meuble tout à fait ordinaire, dit meuble de trôle (2),
la camelote. Beaucoup d'ébénistes français se livrent
à la production du meuble courant ; les ouvriers de
la camelote sont presqu'exclusivement étrangers.

Parmi les très grandes maisons d'ameublement, il
n'y en a pas de belges. Parmi les moyens et petits
patrons, les Belges sont nombreux. Ils travaillent
pour leur propre compte, petits fabricants vendant
eux-mêmes directement au client ; ou ils sont ce
qu'on appelle des *façonniers,* travaillant pour un
grand fabricant-marchand, pour un des grands ma-

(1) Voir plus loin les sculpteurs d'ameublement italiens.
(2) La trôle est aujourd'hui interdite.

3.

gasins parisiens, comme le Louvre, Dufayel, etc. (1).

Le patron belge a donc atelier *et* boutique ou seulement un atelier. L'usage, à Paris, de faire découper les bois dans des usines spéciales, facilite beaucoup l'établissement des petits patrons étrangers. Il leur faut peu de capital, et lorsqu'ils réussissent à s'assurer des débouchés et qu'ils font travailler quelques ouvriers, ils y trouvent des bénéfices supérieurs à ceux qu'ils atteindraient dans leur pays.

Ils occupent souvent des compatriotes et les occupent parfois à des prix réduits. Cela s'explique et ne constitue pas nécessairement une exploitation.

Mais cette main d'œuvre étrangère, un peu meilleur marché, a certainement contribué, avec les méthodes commerciales des grands magasins, à créer et répandre le faux luxe et à peser, dans une certaine mesure, sur le moyen et petit fabricant parisien.

La chambre syndicale de l'ameublement à Paris confirme cette manière de voir : « La grande majorité des ouvriers étrangers n'ont pas d'aptitudes spéciales. Chez les petits industriels de nationalité étrangère qui font le meuble à bon marché, ils travaillent, sans aucun doute, à meilleur compte. »

Il y a là un cas de concurrence étrangère limitée. Les salaires dans le haut luxe sont de 8 à 10 francs par jour, ceux du meuble courant de 5 à 8, dans la ca-

(1) Voir du Maroussem : *Les ébénistes du Faubourg Saint Antoine.*

melote de 3 à 6. Un des grands avantages du métier est de ne pas connaître de morte saison : l'ébéniste trouve du travail toute l'année.

La camelote, faite par des ouvriers français brûlés, indisciplinés, imprévoyants, vicieux, et des étrangers inhabiles, ignorants de la langue, peu débrouillards, qui tombent sous la coupe d'un compatriote qui les exploite, est le produit d'un véritable sweating, exercé rue de Montreuil, dans le haut de la rue d'Avron. Il s'y cache des misères effrayantes. C'est le bagne du travail parisien, où l'on retrouve encore le truck-system, ailleurs défendu (1).

Un assez grand nombre de Belges exerce l'ébénisterie à domicile, comme travailleurs isolés, aidés parfois par les membres de leur famille. Cette industrie à domicile du meuble verse, elle aussi, dans le sweating.

Tel n'est pas le cas de la cordonnerie, bien que son organisation actuelle à Paris soit, en grande partie, celle d'une industrie domestique. A part les fabriques de chaussures qui occupent une main d'œuvre française et étrangère non qualifiée, les grands magasins de chaussures n'emploient que très peu d'ouvriers qualifiés chez eux ; ils font surtout travailler au dehors. Nous retrouvons dans la cordonnerie le *façonnier*. Les Belges y sont nombreux. Le magasin four-

(1) Du Maroussem, *loc. cit.*

nit au façonnier la commande et tout ce qu'il faut pour l'exécuter. Le façonnier à son tour emploie un ou plusieurs ouvriers. Nombre de petits patrons belges s'établissent ainsi façonniers. D'autres, avec ou sans boutique, travaillent directement pour la clientèle qu'ils recrutent en partie parmi leurs compatriotes. D'autres enfin se contentent d'humbles réparations.

L'ouvrier étranger qualifié se recommande par son apprentissage solide. Lorsqu'il fait du travail soigné, il obtient des prix de façon très acceptables : 8, 10, 13 francs la paire de chaussures. Un travailleur industrieux peut, de la sorte, amasser un petit pécule et soit retourner chez lui, soit s'établir à Paris, où l'établissement, grâce à l'organisation spéciale du travail, est facile et le métier lucratif.

Au contraire de l'ébénisterie, l'ouvrier étranger dans la cordonnerie parisienne atteint les échelons supérieurs de la profession.

Il en est de même dans la confection.

C'est dans cette industrie et dans le travail des étoffes, en général, que les Belges sont le plus nombreux.

La profession du tailleur et de la couturière est, à Paris, certainement la plus cosmopolite. Patrons, employés, ouvriers, travailleurs isolés se recrutent parmi les Français, Anglais, Belges, Allemands, Autrichiens, Tchèques, Polonais, Russes, Turcs, Roumains, Ita-

liens, Scandinaves . Toute l'Europe s'y trouve représentée. Le caractère cosmopolite du patronat, généralement sorti des rangs du salariat, s'explique par
le caractère international des employés et ouvriers.

Nous parlerons d'abord des tailleurs et des couturières travaillant sur mesure, puis de la confection.

La France, comme dans l'industrie du meuble,
donne le ton dans l'industrie du vêtement : la femme
élégante se fait habiller à Paris, l'homme du monde, il
est vrai, cherche ses modèles à Londres. Mais les modèles anglais pouvant être copiés à Paris, et la clientèle
élégante masculine de Paris étant très nombreuse, Paris, malgré la mode d'origine anglaise pour hommes, a
voulu conserver sa réputation même pour le costume
masculin en adaptant ses procédés au goût du jour.
Un bon tailleur pour hommes est donc recherché à
Paris et fort bien payé. Ayant appris son métier chez
lui, il part de Suède, Belgique, Allemagne, Russie,
Italie, chercher du travail en France. Les tailleurs
étrangers sont *plus particulièrement* tailleurs pour
hommes, le solide et une certaine raideur étant l'apanage naturel des Anglais, Allemands, Belges, Scandinaves. Il va de soi que Français, Slaves, Italiens réussissent aussi fort bien dans ce genre de travail. Mais
les premiers se *spécialisent* plus particulièrement
dans le costume d'hommes et le tailleur pour dames, se
trouvant, sans doute, plus d'aptitudes naturelles pour
ce genre. Les tailleurs de tous les pays d'Europe qui

viennent travailler à Paris sont des ouvriers qualifiés de 18 à 25 ans, par suite célibataires, fils de tailleurs, devant hériter du commerce paternel, tailleurs comptant s'établir eux mêmes. Tous veulent « se perfectionner »,apprendre la langue qui leur rendra service dans leurs rapports avec une clientèle internationale, dans leur commerce (pour la correspondance). Pour tous, Paris est « la consécration » qui les fera apprécier et payer davantage lorsqu'ils seront de retour. Ajoutons qu'un grand nombre d'entr'eux ou vient déjà de Londres, ou s'y rend, avant de pousser jusqu'en Amérique. Tailleurs et cordonniers sont gens fort itinérants.

Il y a à Paris deux saisons dans le métier: septembre à fin décembre et mars à fin juin.Il y a aussi deux mortes saisons, auxquelles les esprits prévoyants ne manquent pas de penser.

En France, pendant la première des mortes saisons, janvier-mars, le tailleur étranger a la ressource de se rendre dans le Midi où il trouve une clientèle internationale, à Nice, Cannes, etc... Pendant la seconde morte saison, juillet-septembre, il trouve à s'employer dans les villes suisses, fréquentées par les étrangers. Les villégiatures des riches déterminent bien des migrations de la part des travailleurs, qui, d'ailleurs, ne s'en plaignent pas.

Ceux qui, faute de fonds, ne peuvent pas voyager, restent à Paris et font ce qu'ils peuvent pendant les mortes saisons. Un grand nombre, entraîné par l'exemple, joue aux courses.

Un grand nombre aussi ne vient faire qu'une saison à Paris. D'autres restent 2, 3, 4 ans, et alors il est probable qu'ils se fixeront définitivement : l'habitude de Paris est prise, ils se persuadent qu'ils ne peuvent plus vivre ailleurs.

A son début, l'ouvrier étranger, muni d'au moins deux adresses, celle d'un hôtel et celle d'un magasin de tailleur où des compatriotes travaillent, se présente à ce dernier pour demander du travail. C'est alors une question de chance. Mais en pleine saison, la chance est favorable.

Comme dans l'industrie du meuble, il faut, dans le vêtement à Paris, distinguer les maisons de haut luxe, qui font travailler chez eux dans de grands ateliers, et les magasins qui, n'occupant chez eux qu'un personnel très restreint, font travailler au dehors. Comme dans l'ameublement et la cordonnerie, nous retrouvons dans le vêtement le *façonnier*, auquel le magasin remet la commande avec tout ce qu'il faut pour l'exécuter, et qui s'appelle en terme technique l'*apiéceur*.

L'industrie du vêtement à Paris est donc, comme la cordonnerie et l'ameublement, en grande partie une industrie domestique. Mais dans le vêtement sur mesure, c'est une industrie domestique qualifiée et lucrative.

Depuis une vingtaine d'années, il n'y a plus que les grandes maisons qui aient conservé l'atelier. Les moyennes et petites maisons les ont généralement licenciés, surtout à cause des grèves continuelles. Depuis, on a eu « la paix » ou à peu près. Cette organisation du travail a déterminé une spécialisation nationale : les façonniers, travaillant à domicile, sont généralement Français et Belges. Mariés, ils s'emploient chez eux, aidés souvent de leur femme. Mais, nous le répétons, ce n'est pas là, bien que l'organisation paraisse identique, du sweating. L'industrie du tailleur parisien est bien payée : moyenne 10 francs par jour, 15 et 20 francs aux moments de presse et de surmenage.

Or l'étranger, n'étant pas marié et vivant en garni, ne tenant pas à acheter les ustensiles nécessaires (machines, fers), accepte volontiers le travail d'atelier, abandonnant tout naturellement aux Français et Belges le travail en chambre. Il y a là un exemple de spécialisation pour cause sociale, la capacité professionnelle étant certainement la même des deux côtés. Mais elle s'explique aussi par des causes morales : les tailleurs étrangers sont réputés plus assidus, plus industrieux, plus dociles, tout cela tenant à leur qualité d'étrangers, doués d'un autre tempérament et indifférents à la politique.

Toutefois, nous le répétons, ils ne font en rien baisser les prix, et bien que généralement ils ne soient pas syndiqués, ils se tiennent exactement au courant des variations du tarif.

Dans les magasins, le personnel commercial (vendeurs, caissiers, comptables) est exclusivement français, pour des raisons d'incontestable aptitude. Les professionnels, pompiers, apprêteurs, coupeurs, sont de toute nationalité. Atteindre ces échelons supérieurs est l'ambition de tout bon ouvrier tailleur étranger : c'est là ou l'auréole qu'il rapportera au pays — et une auréole solide qui se monnaie — ou l'acheminement vers le patronat à Paris.

Nous citerons encore une combinaison de travail créée à Paris par les étrangers, c'est une espèce curieuse de travail en chambre à la fois collectif et individuel. Il y a aussi parmi les tailleurs étrangers des gens qui préfèrent travailler chez eux. Il faut que pour cela ils soient déjà connus au magasin qui leur remettra la commande et qu'ils disposent des instruments nécessaires au travail. Cette dernière condition est réalisée de la façon suivante : un tailleur étranger met à la disposition de quelques camarades (de n'importe quelle nationalité) une pièce, généralement dans son propre appartement, les machines à coudre et les fers, le gaz et le chauffage. Chaque ouvrier y apporte sa « commande », l'exécute à son goût, pour le compte de la maison qui l'emploie et ne paie à celui qui possède l'installation qu'une redevance de 1 fr. 25 par jour. Il n'y a là aucune exploitation.

Le tailleur étranger, dont la majorité se spécialise par le mode de travail, se spécialise aussi dans le genre de production ; il fait le veston, la redingote, l'habit, le smoking, le pardessus (1), mais il dédaigne un peu, et pour cela ne fait guère, le gilet et le pantalon. C'est du travail plus facile et partant moins payé. On l'abandonne aux camarades moins habiles, aux femmes. Le tailleur étranger à Paris, travaillant pour hommes, sur mesure et sur commande, est un spécialiste hautement qualifié, très recherché, dont le travail solide, soigné et, dans son genre, élégant, compte pour beaucoup dans la réputation des produits parisiens.

Les Belges sont de bons tailleurs. Ils ont, dans le costume pour hommes, une renommée établie. Mais on les trouve surtout comme ouvriers en chambre, ce qui tient probablement à ce que, très assimilés aux Français, très souvent mariés et stables à Paris, ils partagent l'aversion du Français pour le travail d'atelier. Quelques-unes des plus grandes maisons de confections pour hommes à Paris sont belges. Elles ont toutes leur rayon de mesure et occupent, sur un personnel de 3.000 ouvriers, nous a-t-on affirmé, 2.000 de leurs compatriotes (2) comme ouvriers soit

(1) Il va de soi que le tailleur français exécute une grande partie de cette production, mais il ne s'y cantonne pas spécialement.

(2) La statistique de 1901 indique en tout 2.260 Belges pour le vêtement.

en atelier, soit en chambre. Une partie seulement de ceux-ci, cela se comprend, travaille sur mesure, se compose d'ouvriers qualifiés et gagne largement sa vie. Le reste trime dans la confection. Nous parlerons d'eux tout à l'heure.

Le tailleur étranger pour dames est aussi réputé à Paris que le tailleur pour hommes, et pour les mêmes raisons.

Si, dans le genre tailleur, ce sont les étrangers du Nord qui se distinguent, avec les Autrichiens, Tchèques et Polonais, dans la couture pour dames la palme est due aux Français, Polonais, Tchèques, Autrichiens, Roumains, Italiens. Latins et Slaves réussissent tout particulièrement dans le costume de femme, plus souple, plus compliqué, plus artistique, donnant plus de jeu à l'imagination.

Le nombre des tailleurs étrangers y est moins considérable. La qualité de leur travail est de premier ordre. C'est qu'il y a, dans le monde entier, des gens de goût, des artistes qui ont des idées, qui créent. Quand ces artistes-nés viennent à Paris, le milieu artistique agit sur eux, dans le sens de l'inspiration et, croyons-nous, plus encore par la mise au point de leurs inventions. Paris est pour eux la haute école du goût et de la mesure. Il est donc naturel que les ouvriers tailleurs étrangers à Paris contribuent à créer et à façonner la mode, dite parisienne : elle est le produit d'efforts multiples et complexes, d'apports nationaux divers, elle est composite et cosmopolite comme les travailleurs qui la produisent. Ce qui lui donne son unité d'apparence, c'est l'ambiance parisienne qui élimine ce que le goût de Paris, pour le moment, n'admet pas. Il l'admettra peut-être dans deux ans, car, à son tour, il est influencé par l'étranger. Ainsi, par exemple, la robe-réforme allemande, tant discutée et décriée, est pourtant la mère des costumes de femmes qu'on portait à Paris en 1907.

Le gros de la main d'œuvre dans la couture pour dames à Paris est féminine, et elle est française. On la trouve sur place, avec une supériorité marquée de goût et de tour de main. Jusqu'ici, elle suffit à la demande, tandis que la demande de bons ouvriers tailleurs ne peut plus être satisfaite par la main d'œuvre française.

Les maisons de couture qui travaillent sur commande et sur mesure ont toutes des ateliers, les uns groupant des centaines de jeunes filles, les autres se contentant d'une bonne main et de quelques trottins, la patronne figurant de coupeur et de première. La couture pour dames est donc une industrie d'atelier ; elle ne se fait pas, comme le travail du tailleur pour hommes, en chambre.

Cette différente organisation du travail s'explique par la différence de la main d'œuvre : la confection sur mesure pour hommes est devenue une industrie domestique à la suite de grèves, déterminant le licenciement des ateliers. La couture pour femmes ayant affaire à une main d'œuvre féminine, peu syndiquée, peu gréviste, bien que les raisons de grève ne lui manquent pas, on a pu conserver les ateliers. Les jeunes ouvrières étant généralement célibataires et dociles, elles ont d'ailleurs, comme les ouvriers tailleurs étrangers, accepté facilement la discipline qu'impose le travail en commun.

La couture pour dames à Paris, bien qu'elle travaille avec une main d'œuvre en majorité française, et qu'elle ne s'adjoigne qu'un nombre limité de spécialistes étrangers, très bien payés, est cependant, en ce qui regarde le patronat, fort cosmopolite. Quelques-unes des maisons les plus renommées sont d'origine anglaise, d'autres, sous des noms français, abritent la collaboration effective d'Italiens, d'Espagnols, de Roumains. Tous ces patrons ont profité de l'ambiance parisienne pour pousser leurs dons naturels jusqu'à la perfection, exigée à Paris. C'est une question d'adaptation ; elle réussit pour les individus, elle échouerait pour une masse (1).

A côté des tailleurs étrangers qui travaillent dans la couture pour dames, il y a des couturières étrangères. Les Belges y sont particulièrement nombreuses de même que dans les modes. Mais elles ne paraissent pas distinguées par une supériorité ou une spé-

(1) Comparer avec l'ameublement, où l'étranger ne réussit pas à concurrencer l'ouvrier d'art français.

cialité nationale marquée. C'est une bonne moyenne.

Du travail sur mesure, qui constitue la partie qualifiée et lucrative du métier, passons à la confection, pour ainsi dire, anonyme. La clientèle est la foule qui achète le vêtement tout fait, les articles se commandent et s'exécutent par centaines, par milliers, et l'employeur, pour se procurer la quantité voulue, s'adresse presque toujours à un ou plusieurs entrepreneurs qui se chargent de recruter les ouvriers nécessaires et de leur distribuer le travail. Or qui dit entrepreneur dit généralement exploiteur. Cet intermédiaire, qui surgit entre l'employeur et l'ouvrier, réduit de beaucoup le prix de façon de ce dernier. L'entrepreneur, sur le salaire accordé par le patron, prélève une large part.

L'entrepreneur de confection à Paris fait travailler en atelier ou à domicile. Dans ce travail de la confection nous trouvons tous les degrés de l'exploitation jusqu'au sweating, le plus éhonté. Tous les quartiers ouvriers de Paris sont le siège de ce sweating, Montmartre, Clignancourt, Montrouge, Plaisance, Charonne, La Villette. Le travail en chambre est une triste industrie domestique.

Comme il est naturel, la majorité de la main d'œuvre est française, et ce sont les ouvriers disqualifiés par inconduite ou vice, les prolétaires non qualifiés, beaucoup de ménagères qui cherchent un salaire d'appoint, beaucoup de femmes sans métier et sans appui, beaucoup d'enfants aussi qui, à la sueur de leur front, cousent ces vêtements anonymes.

Mais l'immigration étrangère non qualifiée, venant de pays frustes, apporte son contingent de misère à cette industrie maudite : Slaves, Polonais et Russes surtout, Israëlites, Roumains et Turcs sont les plus exploités. Puis viennent les Belges, très nombreux dans ce genre de travail, les Italiens, les Allemands et les Suisses, ou mieux les Italiennes, Allemandes et Suissesses, car les femmes prédominent.

Ici c'est la spécialisation à outrance, personne ne fait entièrement un vêtement ou une partie de vêtement. Chacun besogne sur des parties de parties, et jamais il n'apprendra l'ensemble.

La spécialisation est, d'une façon générale, la caractéristique de tout travail à Paris, elle est néfaste à l'apprentissage, elle tue « l'ouvrier complet ». Une des supériorités les plus marquées de l'ouvrier étranger de quelque métier que ce soit, qui immigre à Paris, c'est que, venant de localités où le travail, moins intense, admet encore la diversité plus grande dans l'occupation de l'ouvrier, il a généralement appris tout le métier et que le cas échéant, il sait tout faire. Il est donc plus utilisable, rend plus de services et se tire plus facilement d'affaire tout en étant hautement qualifié.

Avoir une spécialité est une supériorité lorsque cette spécialité comprend un ensemble. C'est au con-

traire une infériorité dangereuse lorsque la spécialisation se cantonne dans une partie isolée, un détail du produit.

La Chambre syndicale des maîtres-tailleurs de Paris
essaie aujourd'hui, d'une façon ingénieuse, de réor-
ganiser l'apprentissage parmi les jeunes ouvriers
français.

Dans la chapellerie de feutre, les Belges se font
apprécier par la qualité de leur ouvrage. Pour la chapellerie d'hommes, l'Angleterre a une supériorité
incontestable, elle est un centre de production. Paris
importe et essaie d'imiter, sans toutefois y arriver,
nous ont affirmé les hommes du métier : c'est une
question d'eau et de teinture. Le produit parisien a
« de l'œil », mais il est moins solide.

La spécialité des Belges à Paris est la préparation
du feutre. Elle se fait dans les couperie de poils. Cette
industrie étant très florissante en Belgique, le pays
fournit de bons spécialistes, ayant fait un solide apprentissage. On les emploie volontiers à Paris, et on
les paye bien (6 à 7 fr. par jour). Les émanations de
l'arsenic qui sert à préparer les peaux constituent le
côté insalubre du métier.

Dans la chapellerie aussi, l'apprentissage se perd,
par l'emploi grandissant des machines, qui, en trois
mois, permet de transformer un paysan en chapelier.
D'ailleurs, à Paris, le patron, dans l'apprenti, voit surtout le futur concurrent et cela parce que « le Fran-

çais sort vite du travail manuel pour se mettre dans le commerce ». C'est un point à retenir.

Nous avons déjà parlé des femmes belges dans la confection. Leur sort n'y est pas enviable. Par contre, le service domestique n'est pas nécessairement un esclavage. Loin de là, actuellement à Paris, les maîtres sont parfois plus asservis que les domestiques.

L'immigration étrangère féminine pour le service domestique à Paris est, de toutes, la plus considérable. La Parisienne-née est tout à fait réfractaire à ce genre de travail ; elle se fait couturière, modiste, institutrice, artiste lyrique ou dramatique, mais point domestique. L'immigration provinciale n'arrive pas à satisfaire la demande de bonnes, cuisinières, femmes de chambre. Aussi le pays des domestiques stylés (Angleterre) et les pays où l'ancienne ménagère est encore un idéal, s'empressent-ils d'offrir la main d'œuvre féminine qui manque ; elle vient surtout d'Allemagne, de Suisse et de Belgique.

Les Flamandes sont recherchées pour leur propreté, leur goût des choses du ménage, leur force de travail, leur amour des enfants et, dans certains cas, leur catholicité. Il n'existe pas, à Paris, d'œuvre belge spéciale pour ces jeunes filles. Nous en concluons qu'elles s'adressent aux œuvres analogues françaises, aux couvents par exemple ; qu'elles ont presque toujours, à Paris, des parents ou des amis qui les recueillent à leur début, enfin, qu'elles trouvent à s'employer en grande partie dans la colonie belge même, ou qu'elles s'assimilent aux domestiques de langue française. Car, soit par assimilation ou à cause d'un champ de travail plus fermé (leur propre colonie), les domestiques belges à Paris sont moins remarquées par l'opinion générale que les Allemandes et les Suissesses.

Le métier de domestique à Paris peut être fort lucratif. Une bonne étrangère débute avec un salaire de 50 à 60 francs par mois, la cuisinière, la femme de chambre obtiennent des salaires mensuels de 80 à 100 francs avec, en plus, des remises chez tous les fournisseurs et les pourboires. Etant défrayées de tout, elles peuvent économiser sérieusement.

Les Belges n'étant recherchées ni pour le français ni pour le flamand, ne trouvent, généralement, à Paris que l'attrait d'un gain supérieur.

Il y a un petit nombre d'hommes belges qui, à Paris, trouvent à se placer comme valets de pied. On les recherche, et ils viennent pour les mêmes raisons que les femmes.

La colonie belge étant une colonie essentiellement ouvrière et en partie très pauvre (ils font rarement fortune, nous disait un des experts) le nombre des manœuvres, hommes de peine, femmes de charge et de ménage, des garçons faisant les courses, des cochers ou livreurs, bref de la main d'œuvre peu ou

point qualifiée, est très considérable (environ 1.000).
En 1901, elle n'était dépassée que par la main d'œuvre italienne de la même catégorie.

C'est là un pauvre troupeau qui végète misérablement, gagne de minces salaires, a beaucoup d'enfants, habite des logements exigus, parfois de vrais
taudis, et fait de constants appels à la société de bienfaisance (l'Œuvre des Flamands), qui a son siège à
la Mission belge.

Pour enseigner à leurs nationaux à s'aider eux-
mêmes, la colonie belge à Paris a créé une société de
secours mutuels (la Wallonne) et institué une caisse
d'épargne et de prévoyance à la Mission.

Le commerce occupe de très nombreux Belges des
deux sexes à Paris (3.500 en 1901). Mais ils ne
viennent qu'en troisième ligne, après les Allemands et
les Suisses. Cela tient au fait que le Belge, ne parlant
que français ou flamand, n'offre pas, comme employé
dans le travail de bureau, la même utilité, au point
de vue des langues, que l'Allemand ou le Suisse,
qui savent toujours, au moins, *une* langue étrangère.
Par contre, dans la banque on trouve plus de Belges
que d'Allemands, nombre de grands banquiers parisiens — les Bischoffsheim, les Bamberger, les
Cahen d'Anvers — étant venus de Belgique.

Mais c'est surtout dans les commerces divers (alimentation, liquides, comestibles, habillement, etc.),
que les Belges sont très actifs comme importateurs,

exportateurs, ou dans la vente sur place. Les rapports commerciaux entre les deux pays sont très développés. Citons, parmi les principaux articles de l'importation belge en France et à Paris : la houille, les rails, les machines de toute sorte ; des comestibles, notamment les produits d'Ostende (huîtres, moules, poissons) ; des meubles et poêles ; des marbres de cheminées, des châssis d'automobiles, etc.

Le plus gros de l'exportation française en Belgique consiste en produits manufacturés (nouveautés, modes, étoffes), vins, comestibles fins, primeurs, fleurs coupées, etc.

Il existe à Paris une Chambre de commerce belge, composée des commerçants les plus notables.

Le commerce de détail sur place offre toutes les variétés possibles, de la petite boutique de papeterie ou mercerie, desservie par une patronne qui écosse des pois ou tricote son bas de laine, jusqu'au beau magasin flambant. Une partie de ce commerce de détail s'adresse aux compatriotes qu'il fournit de produits dont ils ont l'habitude.

Dans les professions libérales, le Belge, à la fois profite et pâtit du fait d'être *Français de langue*. Il en profite en tant que journaliste, publiciste, écrivain (à preuve les Maeterlinck, Rodenbach, Lemonnier, Huysmans, Verhaeren, etc.), en tant qu'artiste peintre ou sculpteur (Stevens, Wauters, Rops, Meunier), en tant que musicien (César Franck), acteur

(Mme Dudlay), ou lorsqu'il veut s'établir avocat, médecin, professeur. Dans tous ces cas, par une adaptation plus facile, il a l'avantage sur les représentants d'autres pays. Il n'y a que le Suisse français qui, à ce point de vue, jouisse des mêmes facilités d'adaptation.

D'autre part le Belge pâtit du fait d'être français de langue parce que la connaissance d'une langue étrangère constitue un gagne-pain. Les artistes et écrivains étant des unités, les professeurs de langue étant le nombre, la colonie belge, dans les professions libérales à Paris, n'était représentée, en 1901, que par environ 750 personnes.

Pour résumer les développements précédents, disons que les Belges à Paris offrent des exemples caractérisés de spécialisation dans le travail. Mais comme leur individualité nationale n'est pas très accusée et que, en outre, ils ne sont généralement pas seuls à faire les travaux dont les Français ne réussissent pas à satisfaire la demande de main d'œuvre ; nous réservons à une discussion ultérieure le point de savoir si ces cas de spécialisation sont de la spécialisation *nationale*.

La colonie allemande à Paris (1).

Elle offre un sujet d'étude particulièrement inté-

(1) Nous entendons sous Allemands, les Allemands d'Empire.

ressant. Admettons un moment que la Belgique fasse encore partie de la France, et il est évident que les immigrants de ces anciennes provinces se confondraient avec le reste de l'immigration française provinciale, dont d'ailleurs elle partage toutes les spécialités : terrassements, maçonnerie, ébénisterie, cordonnerie, confection, service domestique. Il est assez difficile d'établir une distinction, vraiment nationale, entre le Français et le Wallon surtout.

Rien de plus facile que d'établir cette différence entre Français et Allemands, elle est des plus complètes : différence de sang, ou si l'on veut, de *race*, bien que le terme soit impropre (1), différence de langue et, pour une partie des immigrés, aussi différence de religion. C'est un excellent point de départ pour nos recherches. En outre, les événements historiques ayant fortement agi sur l'immigration allemande à Paris, ces transformations presque contemporaines sont pleines d'enseignements et de renseignements sur notre sujet.

L'immigration allemande à Paris est très ancienne. Les premiers immigrants étaient les étudiants du moyen-âge, formant « la nation d'Allemagne », les professeurs allemands d'avant la Réforme, enseignant fort doctement et catholiquement en latin, les personnes de haute naissance avec leur suite, venues à

(1) Germains et Celtes sont bien de la même race, au fond.

Paris pour affaires d'Etat ou pour leur plaisir, enfin les soldats allemands, au service de la France. Seuls, les intellectuels et les gens de guerre cherchaient un gagne-pain à Paris, en exerçant une profession. L'élément bourgeois et l'élément ouvrier manquaient à cette époque. Le premier vint s'adjoindre à la colonie allemande de Paris dès le début du XVIIIe siècle, lors du premier essor de l'industrie française. Il y eut alors, à Paris, des commerçants des villes hanséatiques, de Leipzig, de Francfort, de Nuremberg, etc. Ils fondèrent des maisons de commerce importantes. C'étaient des exportateurs. Il y eut aussi des artisans allemands, probablement attirés par les hauts salaires et le perfectionnement industriel de Paris. Ils étaient réputés par leur assiduité, leur habileté et leur travail solide, qualités que l'opinion générale leur accorde encore aujourd'hui.

Bon nombre de ces immigrants appartenaient à la religion protestante ; dans leur majorité, ils étaient luthériens. Ils avaient donc besoin d'un lieu de culte protestant où l'on prêchât en allemand.

Dans la France de Louis XIV, du Régent et de Louis XV c'était chose peu aisée, le culte protestant étant interdit et les protestants l'objet de dures persécutions. Mais les Allemands, en tant qu'étrangers, jouissaient de certains privilèges.

En 1626 déjà, une première communauté luthérienne de langue allemande s'était formée à Paris, et

sous la protection de la Suède, le premier culte luthérien allemand avait eu lieu dans la chapelle de l'ambassade suédoise. Dans la suite, des cultes allemands
et suédois y alternaient. Les fondateurs de cette
communauté luthérienne de langue allemande étaient
des nobles allemands, en séjour à Paris. C'est à cette
communauté que se rattachèrent les négociants et
artisans allemands qui arrivaient depuis le commencement du XVIIIe siècle. Ils firent souche à Paris, et
bien qu'ils restassent fidèles à la religion de leurs
pères, l'usage de la langue allemande se perdit en
partie dans cette curieuse colonie allemande : à partir de 1750, le culte eut lieu le plus souvent en français.

Nous ignorons ce que la colonie allemande de Paris devint pendant la tourmente révolutionnaire.
Lorsque le Concordat rétablit les différents cultes en
France, 500 luthériens de Paris demandèrent à Na-
poléon Ier d'étendre les bienfaits de la loi du 18 ger-
minal aussi au culte luthérien ; un décret de 1808
fit droit à cette demande, et l'Eglise des Billettes fut
affectée au service luthérien. On y prêcha en français et *en allemand*.

Il est peu probable qu'à ce moment, les signataires

(1) Sous le nom d'Allemands, on comprenait alors et l'on
comprend souvent encore aujourd'hui tous ceux qui parlent
allemand : Suisses, Autrichiens, Alsaciens, Allemands proprement dits.

de la pétition précitée fussent des Allemands d'Allemagne, les Allemands du Sud, alliés de la France, étant surtout catholiques. En effet, l'élément suisse-allemand et l'élément alsacien paraissent, à cette époque, avoir dominé aux Billettes.

L'immigration allemande à Paris ne reprend, sur une vaste échelle, que sous la Restauration et plus encore sous Louis Philippe. Allemands catholiques du Sud, Allemands protestants du Nord se virent également attirés par le nouvel essor industriel de la France, les grands travaux publics, entrepris à Paris dans le courant des années 30 (par ex. l'enceinte fortifiée, entourant toute la ville). Pour la première fois, l'immigration allemande se fit largement *ouvrière* et elle garda ce caractère jusqu'en 1870.

De 1838 à 1870, les Allemands ont assumé à Paris les dures besognes, actuellement faites par les Belges, les Luxembourgeois et les Italiens. Disons qu'ils étaient les Italiens de l'époque. A la recherche de main d'œuvre à bon marché, les entrepreneurs parisiens s'adressèrent surtout à l'Allemagne du Sud, qui envoya des escouades entières de Palatinois et de Hessois. Vivant sobrement, les salaires parisiens suffirent à eux et leurs familles. Car cette immigration allemande ouvrière était une immigration familiale. Les Allemands de cette époque se souciaient peu de rentrer dans une patrie offrant peu de travail, sous le coup de réactions violentes, arriérée dans certaines

4.

de ses institutions, au point de refuser aux gens le droit de se marier sans autorisation administrative ! La classe ouvrière à Paris jouissait alors d'un sort bien meilleur, et Hessois, Palatinois, Prussiens étaient fort capables d'apprécier les avantages matériels et moraux d'une émigration sur sol français.

Nous ajoutons ici, pour n'y plus revenir, que l'im migration allemande depuis les années 30 du xixe siècle (et que l'ère des chemins de fer augmenta encore prodigieusement) a amené à Paris les éléments de grandes paroisses allemandes, tant catholiques que protestantes, qui ont été le point de départ des différentes Missions et Eglises de langue allemande à Paris : rue Lafayette, rue Fondary, avenue de Choisy (catholiques), Billettes, rue Blanche, Villette (luthériennes). L'évangélisation populaire en effet s'imposait vis-à-vis de ces masses, habitant à cette époque les faubourgs Saint-Antoine, Saint-Marcel, la maison Blanche, Montmartre, Batignolles.

En 1849, la statistique officielle accuse 86.500 Allemands à Paris. On peut se demander ce qu'on entendait alors par Allemands, et si les Alsaciens, les Suisses, les Autrichiens y étaient compris. En 1860, le Père Chable évaluait les Allemands à 140.000 (1).

La main d'œuvre peu ou point qualifiée dominait avec les artisans : « L'Allemand à Paris, dit le Père

(1) *Des ehrwürdigen Pater Chable deutsche Mission in Paris*, 1860, Paris, Haar et Steiner.

Chable, ne s'élève guère au-dessus de l'usine et de l'atelier ». Nous verrons, dans la suite, que plus d'un, par un travail acharné, a fini par faire fortune, au faubourg Saint-Antoine notamment.

Après avoir aidé à construire les fortifications parisiennes, les ouvriers allemands cherchèrent d'autres travaux. Les Hessois adoptèrent le balayage des rues et continuèrent ce métier jusqu'en 1870. Ils le reprirent de 1875 à 1895, où ils le perdirent définitivement. C'est un des exemples les plus curieux de spécialisation nationale dans le travail. Nous le reprendrons à sa place et en détail.

La vie des ouvriers allemands entre 1864 et 1870 est fort curieusement dépeinte dans un livre peu connu (1) auquel nous avons emprunté la plupart des détails qui précèdent. Il contient entr'autres de très vivants et intéressants articles du pasteur von Bodelschwingh, alors jeune vicaire à Paris et fondateur de l'église allemande de la Villette.

Depuis la guerre, et surtout depuis l'essor industriel et commercial de l'empire d'Allemagne, l'immigration allemande à Paris a, en grande partie, changé de caractère. Il vient toujours des ouvriers, des domestiques, des employés d'hôtel et de commerce, mais les rôles sont désormais renversés : l'élément « employé », si l'on peut dire ainsi, domine; l'élément ouvrier diminue (en 1901, 11.000 employés contre

(1) *Das Schifflein Christi in Paris.*

4.200 ouvriers). Et ces ouvriers n'acceptent plus les humbles et rudes besognes d'autrefois, ce sont, les nouveaux immigrants surtout, des ouvriers spécialistes et qualifiés. C'est que l'Allemagne contemporaine, malgré sa forte natalité, a besoin elle-même de sa main d'œuvre nationale et n'en peut plus distraire qu'une faible partie au profit de Paris. En plus, cette immigration allemande ouvrière s'est sensiblement raffinée.

Nous avons fait ici l'historique assez détaillé de la colonie allemande de Paris pour montrer : que les Allemands à Paris ont toujours eu des spécialités de travail, mais que ces spécialités ont beaucoup varié d'après les époques et le milieu ; que les spécialités dites *nationales* changent au gré des événements politiques et des faits économiques, avec le degré de culture et de prospérité d'un peuple ; qu'elles sont le résultat, autant d'aptitudes que de circonstances. La spécialisation nationale dans le travail, très réelle comme fait en soi, est éminemment variable dans sa forme, très difficile à saisir dans ses motifs complexes. L'histoire de la colonie allemande à Paris prouve, avec beaucoup de force, que la spécialisation nationale dans le travail n'a rien d'immuable dans la forme.

Il y avait en 1901, officiellement, à Paris 24.500 Allemands (1), dont 8.315 hommes et 16.258 fem-

(1) On entend évaluer leur nombre de fait à 60 et 70.000.

mes, c'est-à-dire une population féminine presque double, ce qui s'explique surtout par la présence de presque 8.000 domestiques allemandes. 19.650 personnes appartenaient à la population active. La proportion des personnes ne se livrant à aucune profession rémunérée était beaucoup plus restreinte que dans la colonie belge (4.850 : 8.000).

Mais la colonie allemande par d'autres points se distingue encore plus de la colonie belge : d'abord par la différenciation presque complète avec les Français ; puis par la proportion inverse de l'élément employé et de l'élément ouvrier.

Les quartiers de Paris que les ouvriers allemands habitent surtout sont : les faubourgs Saint-Antoine, Saint-Marcel, Maison-Blanche, Grenelle, Belleville et la Villette ; le commerce allemand a son centre d'affaires autour des gares du Nord et de l'Est ; on y trouve une foule de brasseries, de restaurants et d'hôtels allemands. Un certain nombre de ces commerçants *habite* le boulevard Haussmann, le quartier de l'Etoile. Les artistes allemands sont nombreux à Montmartre et à Montparnasse ; les personnes qui poursuivent des études habitent le quartier latin et le quartier du Luxembourg.

Allemands du Nord, Allemands du Sud, protestants et catholiques, ont pour centre d'unité l'ambassade et le consulat. L'Eglise officielle est celle de la rue Blanche, elle est protestante, les catholiques allemands à Paris ne disposant jusqu'ici que de chapelles.

Si, parmi les Belges, la vie d'association est peu développée, elle est considérable parmi les Allemands. A côté de la société de bienfaisance, qui fonctionne pour les indigents, il existe, à Paris, une association des institutrices allemandes, quatre associations d'employés de commerce, une chorale, un certain nombre de groupements professionnels d'ouvriers allemands, une société sociale-démocrate. La plupart de ces associations cultive aussi la sociabilité, le chant, la gymnastique, etc.

Il n'y a pour ainsi dire point d'Allemands dans les travaux de terrassement et de construction (121 en 1901).

Dans les usines de verrerie, ils travaillent, comme les Belges, en spécialistes bien payés, ayant fait un solide apprentissage.

Dans l'industrie du fer et de l'acier, l'Allemagne a elle-même besoin de sa main d'œuvre Mais depuis le succès de l'industrie métallurgique allemande, à l'Exposition de 1900 à Paris, les mécaniciens allemands y sont appréciés. Un certain nombre est occupé par des maisons allemandes, ayant fondé des succursales parisiennes.

D'autres viennent en qualité de monteurs installer des machines allemandes, dont l'importation est considérable.

L'industrie électrique emploie des « ouvriers et même des ingénieurs allemands, américains et suisses, mais en très petit nombre. Le traitement de ce personnel ne diffère pas de celui des ouvriers et ingénieurs français. Les ouvriers étrangers ont des qualités certainement inférieures, au point de vue technique, à l'ouvrier français, mais ils sont plus assidus et plus soumis » (1).

Un très petit nombre d'ouvriers allemands travaille dans l'industrie de l'automobile ; un nombre également restreint dans les instruments de précision.

Ouvriers qualifiés, ces Allemands sont trop peu nombreux pour fournir de la main d'œuvre proprement dite. Ils viennent faire un stage en France, les uns pour apprendre, les autres pour enseigner. C'est une immigration de choix, restreinte.

Dans l'industrie du bois, nous retrouvons l'Allemand comme ébéniste. La majorité fait le meuble courant, il y en a aussi — parmi les vieux surtout d'avant 1870 — qui vivottent très misérablement et font de la pure camelote. Mais un certain nombre a réussi : les noms allemands, parmi les maisons de premier ordre, sont nombreux ; sont-ce des noms alsaciens ou des noms allemands au sens strict ? On le dira difficilement ; dans tous les cas, il y a eu là une volonté d'arriver, une ténacité, une application,

(1) Rapport de l'Association amicale des ingénieurs-électriciens.

généralement attribuées aux races germaniques. Les pères des patrons actuels ont débuté modestement, avec des ouvriers allemands ou de langue allemande ; ils ont travaillé d'arrache-pied, se sont agrandis ; du meuble ordinaire ils se sont élevés vers le beau meuble, et puis, le milieu aidant, ils ont atteint le haut luxe.

Un ébéniste allemand qui nous accompagnait à travers le faubourg Saint-Antoine nous conduisit devant une grande entreprise de menuiserie. « Tenez, dit-il, celui-là et moi nous avons débuté ensemble, il a trimé comme un nègre, pour lui ni dimanches, ni fêtes ; il n'avait pas, je crois, d'autres vêtements que des habits de travail. Aujourd'hui, il a son demi-million et pignon sur rue. »

Voici le relevé, croyons-nous, typique d'un petit atelier étranger d'ébénisterie au faubourg St-Antoine : le patron, Allemand : cinq ouvriers : un Suisse, un Français, trois Allemands. Sur ces trois, l'un, le fils du patron, a mal fini ; le deuxième s'est modestement établi à son tour, le troisième a fait fortune.

Dans cette profession, les Allemands représentent généralement la bonne moyenne, lorsqu'ils n'atteignent pas le sommet. L'industrie leur doit un apport de qualités sérieuses. — Dans l'industrie du cuir, nous trouvons le tanneur allemand, surtout parmi les vieux ouvriers. Ils travaillent également dans les fabriques de chaussures et comme cordonniers. Comme les ébénistes allemands, ils sont recherchés pour la solidité du travail. Le milieu les façonne vite, ils apprennent le chic et arrivent, en effet, à se perfectionner très sérieusement.

C'est le cas aussi des portefeuillistes allemands. L'industrie des objets en cuir est une industrie allemande florissante, dont le centre se trouve à Offenbach (Hesse). L'ouvrier qualifié allemand qui, dans son pays, gagne peut-être 30 à 40 francs par semaine, tente volontiers la fortune à Paris où il obtient 0 fr. 80, 0 fr. 90 l'heure et peut, aux moments de presse, se faire des semaines de 70 à 90 francs. Venu pour gagner et se perfectionner, il reste indifférent à ce qui pourrait le distraire de ce but. Le patron parisien, tout en lui payant le même salaire, a donc avantage à l'employer.

Les ouvriers portefeuillistes que nous avons vus, affirmaient, comme une affaire de simple probité professionnelle, que, la clientèle de luxe parisienne et la riche clientèle américaine exigeant des produits à la fois solides et élégants, l'industrie française était, par la combinaison de ces deux qualités, supérieure à l'industrie allemande ; que le professionnel allemand avait donc tout avantage à venir à Paris et que, le milieu agissant sur lui, bien des produits à la fois élégants et solides sortaient de ses mains pour prendre place aux étalages de la rue de la Paix.

La situation est analogue dans la bijouterie, qui emploie un petit nombre d'ouvriers allemands.

Les patrons, dit le rapport qui nous a été adressé sur ce sujet, ne tiennent pas beaucoup à les employer, ce qui s'explique, sans doute, par la crainte d'une future concurrence. L'industrie de la bijouterie alle-mande, dont le centre est Pforzheim, est en effet très étendue, très prospère, et, pour les produits courants, d'une forte concurrence. La France se défend par la bijouterie de luxe. C'est elle que le professionnel allemand vient apprendre à Paris. Il travaille au même taux que les Français, fait du travail satisfai-sant, développe les idées et indications reçues, se montre assidu et patient. On lui refuse jusqu'ici le don de créer des modèles. Cette critique est certai-nement juste : le goût de l'ouvrier allemand n'est pas façonné à la manière parisienne, et ses « idées » et « créations » n'en seraient pas pour l'œil français.

Situation identique dans la photographie : impor-tation d'appareils allemands ; stage de professionnels allemands à Paris, perfectionnement ; la photographie allemande profite du goût français, la photographie française de la technique allemande (1).

A l'occasion de la colonie belge, nous avons déjà étudié le métier du tailleur pour hommes, la couture pour dames et la confection, et nous serons plus bref ici.

(1) Il a paru, sur ce sujet, et sur l'Allemand dans d'autres industries parisiennes, des articles documentés et vivants dans la *Pariser Zeitung*, décembre 1905 à janvier 1906.

Avec les tailleurs anglais, les tailleurs allemands forment l'élite des tailleurs étrangers pour hommes à Paris. Pour ce métier, au lieu de venir apprendre le « chic », ils l'apportent. Ils font également bien le tailleur pour dames. Au contraire des Belges, ils ne travaillent pas comme façonniers. Pour le temps de leur stage, ils acceptent le travail d'atelier, d'ailleurs plus instructif. On apprécie leur ouvrage solide, élégant, leur assiduité. Il y en a qui s'établissent à Paris, mais en petit nombre. La plupart rentre au pays. Des fils de tailleurs-commerçants viennent à Paris comme volontaires. La connaissance du français leur facilite plus tard les rapports d'affaires.

Les ouvriers tailleurs allemands, pendant la saison, sont très nombreux. Nous les estimons à 4 ou 500 (1). Ils fréquentent des restaurants spéciaux du quartier de l'Opéra. Il en est de même des Tchèques, Polonais, Italiens, etc.

Ces jeunes gens qui gagnent largement, et qui trouvent, à Montmartre par exemple, un garni acceptable pour 30 francs par mois, sont parfois entraînés par la vie de plaisirs et, comme l'un d'eux nous l'affirmait, « gaspillent tout ». Les variations des salaires sont grandes : de 100 à 120 francs par semaine aux moments de presse, ils tombent à 20 francs par se-

(1) On nous a cité des chiffres de 2 à 10.000, qui paraissent inadmissibles ; la statistique de 1901 compte 400 tailleurs allemands, et cela le 1er mars, en pleine saison.

maine en « morte », si le travail ne fait pas entièrement défaut.

Beaucoup de tailleurs allemands poussent jusqu'en
Angleterre et aux Etats-Unis.

Lorsqu'il atteint le grade de coupeur — et cela arrive souvent — il est un employé, qui gagne un fixe
de 400, 500, 600 francs par mois, et qui travaille
toute l'année. C'est tout à fait « un monsieur ».

L'Allemand n'est pas réputé comme couturier, où
il paraît manquer de souplesse.

Nous trouvons des Allemands et Allemandes dans
la confection, exploités par l'entrepreneur. L'immigration des familles allemandes diminuant, le sweating
parisien se recrute surtout parmi les immigrés d'avant
1870 qui, dans une certaine mesure, sont d'une espèce différente, parmi les ouvriers « brûlés », les familles chargées d'enfants, les descendants d'immigrés sur
lesquels le mauvais sort s'est acharné. Ils sont aussi
misérables que leurs compagnons de misère des autres nationalités.

Les plus exploités d'ailleurs et les plus exploitants
sont les Israélites slaves et les Turcs. Ils portent
devant la chambre des prud'hommes des litiges de
0 fr. 50. Un des membres prud'hommes qualifiait
devant nous ces exploiteurs « de fort vilaines gens,
sans foi ni loi ».

Si le tailleur allemand occupe le haut de l'échelle
par sa capacité professionnelle et son goût, la four-

rure, à Paris, est une industrie directement allemande.

Il y a environ 50 ans, elle y a été créée par des professionnels allemands, appelés à Paris par un patron
français qui, aujourd'hui, est la première maison de
la place. Les ouvriers allemands sont, de nos jours
encore, les plus nombreux et les meilleurs. Mais la
corporation est presqu'aussi internationale que celle
des tailleurs. On y trouve des Scandinaves, des Autrichiens, des Hongrois, Tchèques, Polonais et Russes, bref, tous les pays froids et pays à fourrure
donnent leur contingent.

L'Allemand, de tous le plus voisin de la France, et
connu pour la solidité de son apprentissage, a été
l'initiateur. A la suite d'une agitation contre la main
d'œuvre étrangère, on essaya de remplacer l'ouvrier
fourreur étranger par l'ouvrier français : on fit des
apprentis, mais sans succès réel. Le métier de fourreur est un métier demandant beaucoup de patience.
C'est elle qui a dû manquer aux jeunes ouvriers
français contemporains. Presque tous ont abandonné
le travail du fourreur pour le métier de marchand de
fourrures, et le patron, qui avait tenté de faire des
apprentis, y a renoncé, jugeant inutile de se créer
lui-même, chaque année, un nombre de concurrents.

Le métier est donc resté entre les mains des
étrangers, de préférence Allemands. Et c'est un
exemple très caractéristique de spécialisation par

capacité, ce qui tranche en même temps la question des salaires. L'ouvrier-fourreur étranger à Paris obtient les meilleurs salaires, se rapprochant de ceux des tailleurs, 10, 12 à 15 francs par jour, pendant la saison. Mais plus heureux que le tailleur, il trouve, dans les réparations et dans la préparation des peaux, du travail pendant toute l'année.

Le vêtement que l'ouvrier fourreur allemand avait introduit en France était le vêtement, doublé de fourrure. Il n'avait jamais pensé à découper le vêtement lui-même dans la peau, comme on le découpe dans l'étoffe, de faire de la peau la matière du vêtement, et de doubler à son tour de soie ce qui jusqu'ici n'était que doublure. Paris s'en chargea pour lui.

Les couturiers parisiens (1) inventèrent le vêtement *en* fourrure pour dames. Ce fut la grande innovation, la création parisienne, la nouvelle mode. Elle fit frémir les vieux praticiens, ayant l'habitude de manier les peaux avec un saint respect, à les conserver aussi intactes que possible : est-ce qu'on traite une belle peau, qui vaut son pesant d'or, comme une frivole étoffe, une soie, une mousseline ?

Il fallait évidemment tout l'irrespect du Parisien ou d'étrangers parisianisés pour oser ce sacrilège. Il est instructif à noter que la combinaison audacieuse de la couture et de la fourrure a causé le *sabotage*

(1) Ou leurs collaborateurs anonymes, Tchèques, Italiens, Hongrois, Roumains, Français, qui saurait le dire ?

des traditions du métier, adapté les procédés au tempérament parisien, plus impatient : on coupe, on taillade, on déchiquette, on sèche des peaux de prix devant les poêles, ce qui les brûle à l'envers et rend les longs usages, les réparations impossibles : à les remanier, on les voit s'effondrer, pour ainsi dire.

Nous insistons sur ces détails parce qu'ils indiquent, à n'en pas douter, des dispositions et des procédés différents de travail, selon la nationalité ou, ce qui nous paraît plus juste, la mentalité du travailleur.

La riche clientèle de Paris, les hauts salaires, le fait que Paris est devenu, même pour la fourrure, le centre de la mode, continuent toujours d'attirer l'ouvrier fourreur allemand. A-t-il, pendant la saison (septembre-fin décembre), gagné des semaines de 80 à 100 francs et davantage, il s'en retourne souvent en Allemagne, au centre du commerce de la fourrure, à Leipzig, gagner modestement, dans la préparation des peaux, un salaire hebdomadaire de 30 francs. D'autres se rendent à Londres et à New-York, où ils sont recherchés. Le fourreur est aussi itinérant que le tailleur. Un des experts allemands que nous avons eu beaucoup de profit à consulter, était originaire de Silésie ; il avait parcouru l'Angleterre, la Suisse, l'Italie du Nord, s'était établi à Paris, parlait quatre langues et avait acquis dans ses voyages une très bonne culture générale. Il ne désirait pas retourner en Allemagne parce que « l'ouvrier y est moins libre et moins bien traité qu'en France ».

L'ouvrier fourreur allemand ayant été le premier à occuper la place, et la demande d'ouvriers allemands étant constante, il s'est formé à Paris un noyau stable d'environ 200 ouvriers allemands dont le chiffre se double pendant la saison. La plupart est célibataire. Mais l'industrie de la fourrure étant en grande partie une industrie en chambre, et l'ouvrier allemand y rencontrant une préférence, plus souvent que les autres il se marie à Paris (fréquemment avec une Française) et se fait *façonnier*, ou, pour nous servir du terme technique, *chambre-maître*, ce qui est la traduction littérale du terme de métier allemand *Kammermeister* (1).

Il arrive ainsi au patronat, ce qui, pour ceux qui non seulement travaillent en chambre, mais ont boutique sur rue, entraîne généralement la naturalisation.

Il y a, à Paris, 120 à 150 patrons fourreurs, surtout français ou naturalisés, formant une chambre syndicale.

La majorité des ouvriers étrangers travaille dans les ateliers des grandes maisons de fourrure. L'organisation du travail répond à celle du travail des tailleurs pour hommes.

Mais nous trouvons dans la fourrure, parmi les

(1) Le métier a conservé quelques termes allemands : une flanque, par exemple, *eine Flanke*.

ouvriers étrangers, une organisation qui, dans les autres industries à main d'œuvre étrangère, est généralement délaissée par eux : le syndicat.

Dans presque tous les autres métiers, les ouvriers syndiqués sont surtout des Français, ce qui se comprend sans autre commentaire : à l'ouvrier de passage qui n'est pas électeur, le syndicat est indifférent. Dans le syndicat parisien des ouvriers fourreurs, la majorité des membres sont étrangers, et sur les environ 300 membres, on compte 180 Allemands d'Empire. D'après la loi, les membres du bureau sont Francais, mais les membres du comité les plus actifs sont Allemands, Tchèques, Autrichiens. Les débats ont lieu en allemand (1), on les résume en français.

Le syndicat comprend quelques membres féminins, les femmes dans la fourrure sont mécaniciennes et finisseuses (Salaires de 3 fr. 50 à 5 fr. par jour). Elles sont Françaises.

Nous citons, pour terminer, le jugement d'une ancienne mécanicienne : « Il n'y a que les étrangers pour travailler la fourrure, ils ont ça dans la main. »

La concurrence des grands magasins a réduit les bénéfices (autrefois de 35 à 40 0/0) du commerce de la fourrure, comme dans, par exemple, l'ameublement.

(1) Tous les fourreurs étrangers comprennent cette langue qui, dans l'Est de l'Europe, est la langue internationale.

5

Les fourreurs se plaignent aussi de la concurrence de certains entrepreneurs, s'acharnant sur un article, qu'ils ruinent complètement en inondant le marché de produits inférieurs, extorqués,par un sweating organisé, à de pauvres Russes, Polonais, Israëlites, des compatriotes naturellement.

Jusqu'ici nous avons montré l'Allemand ouvrier qualifié dans les industries du métal, du bois, du verre, du cuir, le travail des étoffes.

Il faut maintenant l'étudier dans l'alimentation : charcuterie, brasserie, boulangerie. Là aussi, il est ouvrier qualifié et spécialiste. Dans les trois métiers, Paris lui demande de reproduire aussi exactement que possible des produits allemands nationaux : saucissons, bière, pains de fantaisie. Que cette demande, à Paris, vienne de la part des Français ou des Allemands, peu importe, elle est une demande parisienne, et l'Allemand seul possédant les procédés, il apporte une capacité spéciale et strictement *nationale*, puisqu'aucune autre nation ne saurait le remplacer. C'est un exemple très rare de spécialisation *uni-nationale*, les autres spécialisations que nous avons rencontrées jusqu'ici étant toutes partagées par plusieurs nationalités, et si nous pouvons dire, *pluri-nationales* (1).

La boucherie, dans une ville comme Paris, est une branche des plus importantes de l'alimentation. Bou-

(1) Qu'on veuille, dans l'intérêt de la clarté, excuser ces néologismes par analogie.

cherie de gros et boucherie de détail sont, dans leur majorité, françaises. Mais les Allemands, nous citons M. du Maroussem (1), « se glissent de plus en plus dans les échaudoirs comme Alsaciens ». Peut-être en faudra-t-il conclure que le travail des abattoirs commence à peser à la main d'œuvre française. Dans la boucherie de détail, il y a un certain nombre de patrons et d'ouvriers allemands. Etant des spécialistes estimés (ils ont p. ex. fourni la première main d'œuvre fort bien payée aux beef-packers de Chicago), ils ne travaillent pas au-dessous du taux.

Dans la charcuterie, la production est, en très grande partie, allemande. D'anciens garçons bouchers allemands, constatant la vogue croissante de la charcuterie nationale (2), se sont établis charcutiers à Paris. Ils occupent des ouvriers allemands. Les machines à hacher la viande, etc., étant en grande partie de provenance allemande, ils font, là encore, appel aux professionnels allemands. Ceux-ci sont encore recherchés par l'industrie en gros de l'alimentation, représentée par les grands magasins de comestibles. Partout, l'Allemand est un ouvrier qualifié et bien payé (3).

Nous le retrouvons tel dans la brasserie. Par suite

(1) *La boucherie à Paris.*
(2) Sans doute provoquée par la vogue croissante de la bière allemande. On sert : bière, choucroute garnie.
(3) Voir aussi *Pariser Zeitung*, 13.1.1906.

d'un changement incontestable du goût à Paris, la brasserie y a, dans beaucoup de cas, remplacé le café, et l'importation de bière allemande s'y est notablement accrue. Le brasseur parisien a, très naturellement, cherché à fabriquer lui-même cette boisson, favorisée du public, cas analogue à l'imitation des chapeaux de feutre anglais. Il a donc appelé à Paris des ouvriers brasseurs allemands (1) (Allemands du Sud surtout). Mais, comme pour les chapeaux de feutre, c'est une question d'eau (sinon de teinture) et, au désespoir des honnêtes praticiens, tous leurs efforts pour transformer une bière, brassée à Paris, en bière de Munich restent infructueux.

La Chambre syndicale des brasseries de Paris nous a confirmé l'emploi, dans une partie des brasseries parisiennes, d'ouvriers de l'Allemagne du Sud, mais « relativement peu nombreux » (en 1901 : 57). Pas de différence de salaire.

La Chambre syndicale ajoute, et ce fait mérite d'être retenu, parce qu'il constitue un cas tout à fait exceptionnel, que ce sont les garçons brasseurs étrangers qui deviennent « des fauteurs de discorde », en essayant d'organiser les ouvriers français en syndicat. Nous ne nous trouvons donc plus en face d'étrangers soumis, mais d'étrangers *revendicateurs*. Avouons que la constitution d'un syndicat professionnel n'a rien de révolutionnaire.

(1) Voir aussi *Pariser Zeitung*, 13.1.1906.

Dans deux industries parisiennes (fourrure et brasserie), employant une main d'œuvre réduite (1.000 à 1.500 personnes), industries où les étrangers dominent par la valeur professionnelle, ils ont inauguré le syndicalisme professionnel, auquel, d'ordinaire, ils restent indifférents. Nous en concluons que c'est la concentration du métier et le sentiment très net de leur supériorité, qui expliquent cette différence d'attitude ; l'une des deux causes seule ne suffisant apparemment point pour déterminer ce phénomène.

Mais nous n'insistons pas trop sur cette explication : souvent, il suffit d'une personnalité convaincue pour créer un syndicat. Elle peut s'être produite dans la fourrure et la brasserie ; elle a fait défaut dans les autres industries.

De tous les boulangers étrangers à Paris, les Allemands d'Empire sont les plus nombreux (1). Ils ont pris l'héritage des Autrichiens, car les pains de fantaisie qui font la spécialité professionnelle du boulanger étranger à Paris, sont d'origine viennoise et ont été importés à Paris en 1835, après le retour de Louis Philippe, qui avait appris à les apprécier pendant son exil. Le pain viennois était et est encore un pain de luxe et de fantaisie, celui sur lequel on gagne

(1) Il y a aussi un certain nombre de Suisses et d'Italiens. Ces derniers font le gros pain. Pour les Suisses, il nous est impossible de préciser leur spécialité. Pour les Allemands et les Autrichiens, nous en sommes sûrs.

le plus et dont l'ouvrier est le mieux rétribué. Le Viennois, en langage de métier, est l'ouvrier qui fait les petits pains.

Qu'à Vienne on ait inventé les petits pains, est explicable, le pain blanc y étant le pain des riches, et le pain bis servant à la grosse consommation. Mais que Paris n'ait pas, de son côté, inventé ces pains, voilà qui est plus étrange.

En tout cas, dans un domaine qui, d'habitude, est celui, par excellence, de Paris et des Français, l'étranger, exceptionnellement, en a remontré à Paris.

La spécialité du pain dit viennois étant connue en Allemagne, et les Allemands profitant de leur voisinage, nombre de Viennois à Paris sont aujourd'hui des Allemands (1901 : 213) (1).

Le Français fait également un très bon Viennois, mais, dans sa majorité, il travaille pour la grosse consommation ; au contraire, l'ouvrier boulanger étranger se *spécialise* dans le pain de luxe.

Ayant des aptitudes spéciales, les Viennois obtiennent des salaires particulièrement élevés (de 60 à 100 fr. par semaine). Nous rappelons à nos lecteurs la situation, analogue dans la profession du tailleur pour hommes.

(1) D'une façon générale, la boulangerie parisienne a été réorganisée et modernisée par les boulangers viennois et allemands (nouveau système de fourneau, emploi de la vapeur, farine spéciale). Voir *Pariser Zeitung*, 22.12.1905.

Dans l'annuaire de la boulangerie de Paris, nous avons compté, sur 2.100 patrons boulangers, 1/4 d'o· rigine étrangère, à en juger par les noms. Comme l'ameublement, la boulangerie a vu le succès des étrangers, qui se trouvent aujourd'hui à la tête de très grandes maisons, employant des méthodes spéciales, fabriquant des pains spéciaux.

Jusqu'ici, l'ouvrier allemand à Paris s'est généralement présenté à nous en spécialiste qualifié et apprécié. Il existe cependant aussi sous la forme du manœuvre, de l'ouvrier d'usine. Dans cette qualité, Allemands et Allemandes travaillent dans les fabriques de conserves alimentaires, les chocolateries, les fabriques de produits chimiques, dans les raffineries de sucres, comme menuisier (caisses), casseuses de sucre, emballeuses, etc.

L'homme gagne, dans ces métiers, de 3 francs à 5 fr. 50, la femme de 1 fr. 50 à 3 fr. Le nombre des Allemands et Allemandes, employés comme simples manœuvres, était, en 1901, de 600 environ, la moitié du contingent belge.

Il reste un mot à dire des balayeurs des rues. Le balayage des rues de Paris est considéré comme faisant partie des travaux publics de la ville. Un règlement du 14 novembre 1895 y interdit l'emploi de la main d'œuvre étrangère. Les étrangers désireux de continuer ont dû se faire naturaliser.

Les balayeurs de Paris sont des fonctionnaires de

la ville. Avant que la loi intervînt pour réserver ce travail aux indigènes, le Conseil municipal avait déjà, de son côté, augmenté (en 1893) les salaires (1). Il réussit de la sorte à s'assurer la main d'œuvre française ou naturalisée nécessaire, éliminant du même coup la « concurrence » étrangère.

Les Hessois qui, autrefois, avaient fourni le contingent le plus considérable des balayeurs étrangers, les Hessois, expulsés en 1870, peu à peu revenus après 1875, n'avaient pas pu regagner leur ancienne prépondérance, parce qu'après la guerre, évidemment, on leur préférait à Paris les Alsaciens-Lorrains, qui fournissaient à cette époque beaucoup de main d'œuvre peu qualifiée. C'était là une des causes qui désapprit aux Hessois le chemin de Paris ; l'essor de l'Allemagne et l'obstacle légal firent le reste. Aujourd'hui, ils ont disparu, presque sans vestige.

Les Hessois étaient très convaincus que personne ne savait balayer oomme eux, ils se croyaient une capacité professionnelle spéciale et méprisaient tant soit peu leurs camarades français (2).

Nous ignorons si les rues de Paris, balayées par des poings français, sont aujourd'hui plus sales qu'il y a 30 ans ; de fait, elles ne brillent pas par la propreté.

---

(1) Le balayeur français est électeur : il gagne un minimum de 5 francs par jour, l'ancien maximum des Hessois.
(2) Schifflein Christi.

Mais là n'est pas la question : le cas des balayeurs hessois est un exemple typique de spécialisation nationale du travail, *en dehors de toute question de capacité*, rien que par le jeu de la loi et des salaires.

Cet exemple est à retenir, car il permet de constater l'existence, dans certains cas, d'une *spécialisation artificielle*, soustraite au fonctionnement normal des facteurs purement économiques, l'existence, dans ces mêmes cas, d'une prime à l'indigénat, prime à laquelle ne correspond pas nécessairement une aptitude particulière. C'est du protectionnisme dans le domaine du travail.

Passons aux employés allemands à Paris. Leur nombre était plus du double des ouvriers, en 1901 (10.100 : 4.200). Nous aurons à examiner les employés de maison, les employés d'hôtel, les employés de commerce.

Commençons par la deuxième catégorie. Il y a à Paris 12.000 « logeurs », c'est-à-dire des personnes dont le métier consiste à héberger et souvent aussi à nourrir leurs semblables, hôteliers, aubergistes, loueurs de garnis, etc. L'immense majorité des patrons, du personnel et des clients est française. Mais dans les hôtels qui ont une clientèle presqu'entièrement étrangère (et ce sont généralement les plus grands, les plus luxueux, les plus renommés), la connaissance du français ne suffit pas, patrons et une partie, du moins, du personnel doivent être bilingues, sinon trilingues.

Une tradition, plusieurs fois séculaire, veut qu'au Français suffit la possession de sa propre langue. Dans l'industrie des hôtels, il a donc renoncé, par tradition nationale (1), à une grande et lucrative partie du métier : les directeurs et les gérants des grands hôtels cosmopolites de Paris, sinon leurs propriétaires, sont étrangers ou naturalisés, c'est-à-dire Français de circonstance.

Il y avait, dans le monde, deux catégories d'étrangers, qui, par des aptitudes naturelles, étaient appelés à se partager la spécialité : les Allemands et les Suisses allemands. Sachant, de par leur naissance, une des langues étrangères requises (l'allemand), possédant (les Suisses allemands, du moins) très suffisamment le français, disposés, tous deux, à se déplacer pour acquérir ce qui leur manque encore, c'est-à-dire la langue anglaise, langue de la plupart de leurs clients, d'ailleurs organisateurs et administrateurs consciencieux, patients, tenaces et disposés à être très polis avec la clientèle (le Français les qualifie volontiers de « serviles », d' « obséquieux »), Allemands et Suisses (2) se sont fait une spécialité reconnue dans l'industrie des hôtels.

(1) Et dans ce cas, la tradition qui, dans la charpente, excluait la concurrence qui, dans l'ébénisterie, équivalait à une capacité spéciale, équivaut à une infériorité.

(2) Nous parlerons plus tard des Italiens.

Les directeurs et gérants devant, sous peine d'é-
chec, être sortis du rang, le patronat se compose des
mêmes éléments nationaux que le salariat.

Sont restés spécialités françaises à Paris : l'hôtel à
clientèle essentiellement française, le restaurant, le
café dont la clientèle est en majorité française et où
l'étranger ne fait que passer.

Sont restées spécialités françaises dans les hôtels
d'étrangers : la cuisine, le service général des chambres.

Par contre, direction, gérance, service de la salle à
manger et service des repas dans les chambres,
vestibule (concierge, porteurs) sont entre les mains
des Allemands et des Suisses allemands. Et même
entr'eux, il se fait encore une spécialisation du travail :
l'Allemand est plus particulièrement garçon de salle
(et cela à tous les degrés de la hiérarchie assez complexe), le Suisse occupe de préférence le vestibule.

Faut-il voir en cela le signe de mentalités différentes, ou le Suisse, est-il préférable comme concierge
parce qu'il possède mieux le français, nous ne nous
chargeons pas de trancher la question (1). Ce qui

(1) Voici l'écho des différents sons de cloche que nous
avons entendus : Un Français déclarait que ses compatriotes
ne « s'avilissaient pas comme les étrangers ». Les Suisses dé-
claraient que les Allemands étaient « plus souples ». Et les
Allemands affirmaient que c'était « une question de bureau
de placement » : le « vestibule » rapportant les plus gros
pourboires, l'union professionnelle, d'origine suisse, à les en
croire, le réservait de préférence aux Suisses.

décide, est probablement que le Suisse possède, dès le début, le français.

Quand le sommelier allemand ou suisse a fait son apprentissage dans son pays et atteint 18, 19 ans, il se rend généralement à Londres pour apprendre l'anglais. Ceux qui émigrent ainsi sont ou les meilleurs ou les pires : les meilleurs, lorsque, régulièrement préparés et résolus à se perfectionner, afin d'atteindre les sommets du métier, ils vont affronter bien des peines et de très grands dangers, car la profession est instable, avec des hauts et des bas continuels, le travail généralement anti-hygiénique (salles mal aérées, travail de nuit et du dimanche, surmenage), et, au milieu d'un monde de riches, de capricieux, de jouisseurs, de viveurs et de vicieux, les tentations sont parfois surhumaines. Il faut donc savoir gré aux Eglises d'avoir, presque partout, organisé des hospices chrétiens pour les garçons d'hôtel.

En Angleterre, ils acceptent d'abord, « pour apprendre » les plus dures besognes, des boarding-houses et un modeste salaire. C'est l'enfer. Sont-ils débrouillés et stylés, ils cherchent à se placer dans un hôtel ou à entrer au service d'une grande famille anglaise. Plus ils y restent, mieux cela vaut pour leur avenir ; les domestiques anglais sont bien stylés, le service a des formes établies, presque solennelles, il est complexe et par suite varié dans son ensemble, on apprend à découper la viande, etc.

Mais la plupart des garçons a hâte de se rendre à Paris, pour monnayer sa connaissance de l'anglais. A Paris, plus d'humbles besognes ! On est un monsieur qui fait remarquer son chic anglais (1).

Les salaires fixes des garçons de salle et des garçons d'étage ne sont pas élevés à Paris, 60 à 100 fr. par mois, en plus les pourboires, dont les garçons de salle d'ailleurs, n'ont guère une large part. En outre, un garçon d'hôtel a des frais très considérables de linge, de vêtements et de chaussures, et il doit compter avec la morte saison. A Paris, ce sont les mois de juillet, août et septembre ; le mois de décembre est généralement mauvais, janvier, février sont médiocres.

Evidemment, on peut, en se déplaçant, trouver du travail l'été en Suisse, l'hiver sur la Côte d'Azur, mais ces voyages sont coûteux et faute de fonds, on se serre le ventre à Paris. Le sobriquet d'une gargote où les sommeliers sans place prennent leurs repas, « A l'os rongé » en dit assez sur la frugalité de leurs repas, aux époques de chômage.

Ce n'est que comme sommelier en chef, concierge, secrétaire d'hôtel que le garçon est sûr de ne manquer de rien. Il faut beaucoup de caractère et de conduite pour y arriver. On compte à Paris environ 2.000

(1) Ainsi le garçon d'hôtel étranger, dans ses sorties à Paris, retourne *toujours* le bas de son pantalon.

employés d'hôtel allemands et suisses. Ces derniers dominent par le nombre.

D'ici quelque temps, une jeune génération française polyglotte, paraît-il, va entrer en scène et changer un peu la composition du personnel des grands hôtels parisiens (1).

Les employés de commerce étrangers à Paris sont, comme les employés d'hôtel, et pour les mêmes raisons, Allemands et Suisses : leur capacité spéciale est la connaissance, native ou acquise, d'au moins trois langues. L'Allemand, dans le commerce parisien, y joint encore l'espagnol et le portugais, ce qui lui a valu une position unique dans le commerce *français* d'exportation.

Le commerce allemand à Paris comprend les maisons d'importation de produits allemands en France, d'exportation de produits français en Allemagne et d'exportation de produits français et allemands dans les pays d'outre-mer, notamment l'Amérique du Sud ; les représentants de commerce et courtiers, les employés de bureau ; le commerce de gros et de détail de la place, pour une clientèle française ou allemande.

En 1901, les Allemands, avec 3.900 personnes, employées dans les divers commerces, possédaient la colonie commerciale la plus importante de Paris. Très

(1) Pour les détails qui précèdent, nous sommes redevables aux associations professionnelles, aux directeurs d'hôtels, aux directeurs d'œuvres, aux intéressés eux-mêmes.

considérable déjà avant 1870, elle n'a fait qu'augmenter depuis, suivant en cela la marche ascendante des affaires entre les deux pays.

Le commerce d'exportation des produits français en Allemagne ou outre-mer transforme les maisons de commission allemandes en vastes entrepôts de marchandises, partant de là pour des destinations souvent lointaines. Par contre, l'exportation des marchandises allemandes à destination de France ou d'outre-mer, à laquelle les maisons allemandes servent d'intermédiaires, part directement d'Hambourg.

L'établissement des notes pour ce commerce d'exportation outre-mer est un travail compliqué, minutieux, demandant une grande patience, la connaissance de l'espagnol, du portugais, des différents systèmes monétaires, des différents poids et mesures. Cette besogne réclame l'Allemand et ses qualités spéciales. Il est donc apprécié dans les maisons allemandes d'exportation. Il l'est également dans les maisons françaises, lorsqu'elles font des affaires avec l'Allemagne et l'Angleterre, mais, pour des raisons politiques, on lui préfère souvent le Suisse.

L'employé allemand débute généralement chez des compatriotes. Les salaires sont, selon la maison et les services rendus, de 100 à 500 francs par mois. Un simple stage à Paris de 2, 3 ans devient de plus en plus fréquent, les patrons s'en plaignent à cause de l'instabilité du personnel qui en résulte. Mais la colonie commerciale allemande à Paris n'en est pas moins la partie la plus ancrée de toute la colonie allemande. Malgré leur grande aisance, les familles riches allemandes vivent très simplement, très retirées de la vie parisienne, très peu « dans le train ».

Les employés de commerce allemands à Paris appartiennent généralement à une des quatre sociétés professionnelles allemandes qui ont des succursales à Paris.

Les Allemandes sont occupées dans les bureaux comme correspondantes, sténographes et dactylographes. Leur débouché est plus réduit. Leur syndicat professionnel n'a pas encore fondé de succursale à Paris.

Les grandes banques publiques à Paris n'acceptent en fait d'étrangers (dont le concours leur est indispensable) que des employés qui sont ou qui passent pour Suisses.

Les banques privées emploient aussi des Allemands.

Les banques privées allemandes ont été fondées par des israélites.

Le cas du commerçant allemand à Paris paraît être un cas très net de spécialisation nationale. Nous en trouvons la preuve dans le fait que, pendant la période de désorganisation passagère que les événements de 1870 inaugurèrent pour le commerce allemand à Paris, les Allemands, dans le commerce avec l'Amérique du Sud, n'ont pas été remplacés par les Suisses, offrant pourtant, à bien des égards, les mêmes qualités. Ce qui, dans ce commerce, fait, en dehors des langues, la supériorité de l'Allemand sur le Français, c'est une très grande souplesse d'organisation, de grandes facilités de payement et un large crédit.

Il n'y a pas, à Paris, de Chambre de commerce allemande, le consulat remplissant cet office, grâce à des attachés commerciaux.

Nous avons jusqu'ici parlé surtout du travail des hommes ; les Allemandes à Paris, en 1901, étaient cependant le double des Allemands. Malgré la supériorité de leur nombre, leurs occupations sont beaucoup moins variées.

Citons comme les deux principales la profession de domestique et celle de professeur.

L'Allemande, comme la Flamande et la Suissesse, est recherchée comme domestique, pour des qualités professionnelles de propreté et d'endurance. Actuellement, et surtout lorsqu'elle débute à Paris, elle consent encore à faire de gros travaux de nettoyage ou d'entretien (parquets, récurages, etc.) que la Française refuse de plus en plus. En même temps, elle est souvent d'une classe sociale et surtout d'une culture supérieures à celles de la domestique d'origine française. Les gouvernantes, tout particulièrement celles qui, sans être des institutrices proprement dites, en remplissent auprès des enfants une partie des fonctions, sont souvent très instruites et fort bien élevées (1).

On peut s'étonner que l'Allemagne, où la question des domestiques se pose, comme en France, où les filles du peuple préfèrent, de plus en plus, le travail industriel au service domestique, puisse encore exporter à Paris un contingent aussi considérable de femmes pour remplir à l'étranger un office qu'elles dédaignent chez elles. Eh bien, la raison en est simple : comme les employés d'hôtel et les employés de commerce, les employées de maison viennent à Paris pour « se perfectionner », en apprenant le français et augmenter ainsi leur valeur sur le marché du travail : rentrées dans leur pays, elles constituent une catégorie spéciale et supérieure de la domesticité, elles sont davantage payées et plus considérées. Avec les mœurs allemandes actuelles, cet avantage futur compense, à leurs yeux, ce que leur emploi en France a parfois de subalterne et même d'humiliant.

Il y a, à Paris, 3 homes de fondation allemande (2) pour les bonnes venant chercher une place à Paris. Les 2 homes de la rue Fondary (Grenelle) et de l'avenue de Choisy (Italie) sont catholiques, le home de

<hr>

(1) Cela tient aux familles nombreuses en Allemagne, qui rendent impossible l'application du système français : la jeune Allemande, même de bonne famille, doit gagner sa vie.

(2) Affectés en premier lieu aux Allemandes d'Empire.

la rue Nollet est protestant. Mais des deux côtés, on n'est pas exclusif.

Les Allemandes d'Empire, lorsqu'il s'agit de cumuler les emplois de domestique et de professeur de langue, ont la préférence sur les candidates de la Suisse allemande.

D'autre part, les catholiques se placent plus facilement que les protestantes ; mais on s'attend à voir la séparation de l'Eglise et de l'Etat produire une baisse dans l'immigration des catholiques allemandes (1).

Les simples bonnes étrangères gagnent à Paris une moyenne de 50 à 60 fr. par mois. Les cuisinières allemandes sont très recherchées (80 à 120 fr. par mois), moins pour leurs capacités culinaires que pour leur propreté. Il paraît pourtant qu'elles se mettent très vite au courant. Celles-là, en rentrant au pays ont un avenir assuré. Depuis que l'école professionnelle obligatoire fonctionne dans l'Allemagne du Sud, le niveau professionnel des domestiques allemandes s'est sensiblement élevé : il est né toute une catégorie nouvelle de femmes de chambre stylées, sachant coiffer les dames, très bien repasser, coudre, faire des travaux à l'aiguille élaborés. Cet affinement croissant des domestiques allemandes a beaucoup frappé ceux et celles qui les voient de près, en les plaçant, par exemple.

(1) Un des prêtres que nous avons consultés nous a dit : « Des parents chrétiens ne peuvent plus envoyer leurs enfants à Paris. »

Un assez grand nombre reste à Paris. Il y en a **qui** se marient, car, comme les Flamandes et les Suisses-ses, leurs qualités de bonnes ménagères les font re-chercher (1).

La plupart fait un stage de 2, 3 ans à Paris et **rentre** au pays.

Celles qui restent définitivement, perdent, dit-on, assez vite les qualités d'endurance et de patience **qui** caractérisaient leur début ; leurs prétentions **égalent** bientôt celles des camarades françaises.

Un nombre, toujours trop considérable, est **entraîné** par le tourbillon de la vie parisienne. Corrompues **par** la promiscuité du sixième, elles finissent dans la **pros**-titution. Ce métier-là, à Paris, est tout à fait **cosmo**-polite, mais l'aptitude spéciale professionnelle **ne se** trouve guère du côté des peuples germaniques.

Dans les professions libérales à Paris, ce sont en-core les allemandes qui dominent. D'une façon géné-rale, l'Allemand, pour s'assimiler la langue, **la litté**-rature et l'art français, n'a pas les mêmes **facilités** naturelles que le Belge ou le Suisse de langue fran-çaise. De plus, les événements politiques font **que**

(1) Les prêtres et les laïques qui dirigent ces 3 homes allemands déconseillent généralement les mariages entrè Français et Allemandes, la différence de nationalité parais-sant être une source des mésintelligences. Ils m'ont paru tout à fait hostiles aux unions entre Allemands et Françai-ses, la Française du peuple, à Paris, étant généralement une pauvre ménagère.

l'intellectuel allemand se fixe aujourd'hui plus difficilement d'une façon durable à Paris. Les succès
d'œuvres d'art allemandes n'entraînent plus le séjour
des écrivains et des artistes à Paris, où le milieu est
devenu moins accueillant à leur égard.

Ils n'ont donc plus donné de littérateurs à la
France, comme autrefois le baron Grimm, puis
Heine, Hillebrandt, etc. Lorsqu'à Paris, les Allemands et Allemandes sont publicistes, journalistes,
avocats, médecins, etc., ils travaillent pour des jour-
naux allemands, une clientèle allemande. Les musiciens et les artistes viennent surtout se perfectionner,
« chercher la consécration ». Leur nombre, comme
celui des étudiants et étudiantes, s'accroît tous les
ans et donne lieu à des évaluations tout-à-fait fantai-
sistes de la colonie allemande à Paris. Cet accroisse-
ment des intellectuels allemands, de passage à Paris,
est déterminé par la prospérité croissante du pays
qui peut consacrer plus d'argent à la culture plus
.large et plus intense d'un plus grand nombre.

Cette immigration allemande intellectuelle est une
source de bénéfices nets pour Paris. Ils consomment
sur place, payent une partie de leur enseignement
(tout en profitant largement de l'enseignement gra-
tuit de l'Etat) et ne gagnent que très rarement de
l'argent à Paris.

Un certain nombre d'entre eux ne demanderait pas
mieux que d'en gagner, en donnant des leçons d'al-

lemand, enseignement pour lequel ils apportent évidemment une aptitude spéciale.

Mais les professeurs *de passage* trouvent la place occupée par les professeurs d'allemand, fixés à Paris, et par les domestiques allemandes.

Il en résulte une concurrence effroyable, qui fait descendre à l'occasion le prix d'une leçon d'allemand à 0 fr. 50. Mais cette concurrence s'exerce surtout entre compatriotes.

Le nombre des professeurs *français* d'allemand, capables de rivaliser, dans ce domaine, avec les professeurs d'allemand d'origine allemande, est limité. Ils sont généralement pourvus de diplômes supérieurs et occupent des places dans l'enseignement officiel d'où l'étranger est exclu. La « concurrence étrangère » ne peut les atteindre que dans leur superflu.

La grande majorité des professeurs d'allemand à Paris sont des femmes, enseignant surtout comme professeurs libres (3 — 5 fr. la leçon), réussissant parfois à faire des cours dans des institutions. C'est un exemple de spécialisation par capacité. Beaucoup de ces professeurs se fixent définitivement à Paris, et il y en a qui acquièrent de l'aisance.

Le métier de professeur étant instable (morte saison, changement continuel des élèves), un certain nombre de professeurs se fait traducteur et secrétaire. Lorsqu'elles savent 3 langues, la sténographie française et la dactylographie, la profession devient très lucrative (200 — 250 fr. par mois) (1).

Il existe, à Paris, 4 homes pour institutrices allemandes et une association professionnelle, succursale du grand syndicat professionnel en Allemagne.

La colonie allemande est la seule colonie étrangère à Paris ayant une école (et non pas des cours) pour les enfants de ses nationaux. Elle se trouve à la Villette.

La colonie suisse à Paris.

Par sa facilité d'assimilation, elle rappelle la colonie belge, par sa composition sociale (prédominance des employés), la colonie allemande. L'histoire de la colonie suisse à Paris est ancienne et très honorable, bien que moins mouvementée que celle de la colonie allemande. Il s'en dégage pourtant des enseignements très précieux pour notre sujet.

Parmi les premiers immigrés suisses à Paris étaient les soldats suisses. Le monument de Lucerne fait foi de leur bravoure héroïque. A partir du XVIe siècle, la Suisse, Genève surtout, devient le lieu d'asile d'abord des protestants français, puis des philosophes, puis des républicains. L'ère des persécutions passée, nombre de réfugiés rentrèrent en France, redevenant entièrement français, ou restant

(1) 5 à 600 francs par mois, chez des journalistes-traducteurs ou des hommes d'affaires.

suisses, mais avec des sympathies et attaches françaises particulièrement fortes. Dans le monde protestant français, si influent à Paris, les Suisses jouent un rôle très considérable. L'Eglise réformée de France compte, à Paris, un nombre très considérable de Suisses.

En 1901, il y avait à Paris, officiellement, 19.640 Suisses (10.755 hommes, 8.885 femmes) (1) ; la prédominance numérique des hommes est assez marquée. Nous l'expliquerons tout à l'heure. La population active était de 15.360 personnes, le nombre des personnes n'exerçant aucune profession rémunérée, 4.300, en chiffres absolus, est encore inférieur au nombre des Allemands de la même catégorie.

Les employés de maison, d'hôtel et de commerce dominent l'élément ouvrier (7.000 : 4.235, en 1901). Ce dernier, lorsqu'il se présente en masse à Paris, vient de la Suisse italienne. La main d'œuvre peu ou point qualifiée d'origine suisse allemande et suisse française trouve des débouchés suffisants plus près de la frontière. La main d'œuvre qualifiée, dans les métiers courants, paraît être absorbée par la demande intérieure. Ainsi, il y a à Paris des ouvriers suisses cordonniers, tailleurs, ébénistes, boulangers, mais ils sont peu nombreux et leurs qualités professionnelles ne s'imposent pas à l'attention publique. Quant à la

(1) Il est certainement dépassé par la réalité.

langue française, ils n'ont pas pour en acquérir la possession, besoin de quitter le pays. Et leur désir de se perfectionner, au point de vue professionnel, paraît contrebalancé par une demande intérieure très forte.

L'immigration particulièrement nombreuse des employés suisses s'explique par le fait qu'ils parlent généralement au moins deux langues (allemand, français), ce qui constitue leur supériorité sur les employés français et allemands.

Au point de vue *national,* la colonie suisse est tout à fait intéressante et instructive : La Suisse est un Etat très uni, les Suisses sont une nation à part, avec une histoire et une existence nationales très nettement distinctes. Ils ont le sentiment très vif de la patrie et se sentent bien *suisses.*

C'est un résultat admirable et un véritable tour de force d'assimilation et de cohésion nationales, lorsqu'on se dit que cette *nation* se compose de trois éléments *ethniquement* différents : Allemands, Français, Italiens.

Car, au point de vue ethnique, les Suisses ne sont pas « un peuple », puisqu'ils participent à l'individualité de leurs trois voisines, Allemagne, France, Italie.

Si donc les idées que nous avons exposées jusqu'ici, sont justes, — comme les aptitudes spéciales dans le travail sont déterminées, en premier lieu, par les hérédités ethniques et ne peuvent être que modifiées *à posteriori* par les facteurs politiques, — si les idées que nous avons exposées jusqu'ici sur la spécialisation du travail sont justes, les Suisses à Paris, selon leur descendance ethnique, leur provenance géographique, *doivent participer aux spécialités de travail des Allemands, des Français et des Italiens.*

C'est en ceci que réside l'intérêt de cette partie de notre étude : elle sert de contrôle aux autres et permet de « faire la preuve ».

Si nous sommes dans le vrai, l'élément suisse français doit s'adapter à Paris avec autant de facilité que l'élément belge. Or, les faits en témoignent : l'immigration suisse française à Paris se confond presqu'entièrement avec l'élément français. Catholiques ou protestants, les Suisses de langue française, à Paris, sont chez eux. Ils ne fournissent que très peu de main d'œuvre proprement dite ; dans le service domestique, les hôtels, le commerce, l'élément allemand l'emporte sur eux, à cause de la langue. Par contre, ils sont nombreux dans la banque, Genève ayant été, pendant des siècles, une pépinière de banquiers (1), en partie d'anciens réfugiés qui sont revenus s'établir à Paris, où ils sont toujours appréciés comme administrateurs. Mais le domaine propre, à Paris, des Suisses français, sont les professions libé-

(1) Qu'on se rappelle l'illustre exemple de Necker.

rales. Nous avons vu que les Belges français y réussissent déjà fort bien, les Suisses, d'une culture généralement encore supérieure, non seulement ont donné à la France des écrivains de premier ordre (Rousseau, Mme de Staël), mais aujourd'hui encore, les hommes et femmes de lettres suisses, les écrivains, musiciens et artistes, les universitaires surtout, souvent élèves des grandes écoles parisiennes, les ingénieurs, les pasteurs (1), avocats, dentistes et médecins suisses français sont ceux qui, non seulement viennent se fixer en très grand nombre à Paris, mais qui réussissent aussi le plus facilement à y prendre pied dans des postes rémunérateurs et des situations officielles.

Profitant déjà de leur neutralité politique, comme les Belges, ils se recommandent encore tout particulièrement par leur haute culture, et, dans certains milieux très influents, par le fait d'être *protestants*, le protestantisme français ne satisfaisant pas toujours sa propre demande d'intellectuels (2).

(1) Les Suisses n'ont pas, à Paris, d'Eglise spéciale ; les réformés font corps avec les réformés de France, les luthériens fréquentent les églises allemandes, les catholiques assistent au culte français.

(2) Il y a, à Paris, des familles suisses françaises, où l'adoption de la nationalité française ou suisse est une question de convenance individuelle et de carrière, où les enfants sont de nationalités différentes, et cela sans aucune difficulté morale, le plus naturellement du monde.

Une des spécialités industrielles de la Suisse française les plus reconnues, et qui donne lieu à une
grande importation, l'horlogerie, est aussi répandue
en France. Besançon rivalise avec Genève, Neufchâtel.
Paris ne fabrique pas d'horlogerie, il apprécie l'habileté de l'ouvrier suisse dans ses ateliers de réparation,
etc., mais n'en occupe pas un grand nombre (à peine
100 en 1901). Le fait que les Vaudois ont la spécialité
d'être croque-morts est peut-être dû à un hasard
d'immigration locale.

Comme les Belges, les Suisses de langue française
se font facilement, à Paris, imprimeurs et éditeurs
de musique. Mais, eux aussi, ne sont pas nombreux.

Les Suisses français ont rendu, avec les Suisses
allemands, des services signalés à la grande industrie
française, ce qui n'exige pas d'autre commentaire. Ils
ont développé ou créé des entreprises de tissage, de
mécanique (1), des usines à gaz, des chemins de fer,
créé la première compagnie d'assurances en France (2).

Les Suisses allemands, à leur tour, à côté d'industriels, comme Oberkampf, le créateur en France des
toiles de Jouy, ont aussi donné des banquiers, comme
les Hottinguer de Zurich. Mais ce qui caractérise
bien le Suisse allemand à Paris, c'est qu'il y exerce
les spécialités allemandes : service domestique, ser-

---

(1) Ils fournissent à Paris un nombre restreint, mais apprécié, d'ouvriers mécaniciens (cycles, autos).

(2) Delessert. Voir pour ces détails, Morhardt, *loc. cit.*

vice d'hôtel, commerce. C'est la Suisse allemande, supérieure en nombre à la Suisse française, qui fournit à Paris le plus d'employés des trois catégories précitées. La Suisse française, cela va sans dire, en envoie aussi ; mais à y regarder de près, l'élément Suisse allemand évidemment y domine. Et il *doit* dominer, étant plus apte à rendre les services en question : le Suisse allemand sait généralement le français ; le Suisse français ignore plus généralement l'allemand.

Lorsqu'il s'agit de l'usage simplement courant de l'allemand (hôtels) ou de son usage écrit (commerce, banque), le Suisse, à Paris, profite aussi dans ce domaine de sa neutralité politique, et il est préféré aux Allemands d'Empire.

Mais dès qu'il s'agit d'enseigner l'allemand, dès que l'accent joue un rôle, l'Allemand ou l'Allemande d'Empire ont le pas sur l'Allemand suisse. Ainsi la tentative, très avisée, du représentant diplomatique suisse à Paris, de remplacer, après 1870, les gouvernantes et institutrices allemandes par des Suissesses, n'a pas donné de résultat.

La colonie suisse a créé, à Paris, des organisations ou institutions remarquables pour les représentants des trois professions, citées plus haut. Elle paraît ainsi accorder une attention et une sollicitude spéciales aux Suisses allemands. Il n'y a là aucune partialité : le Suisse allemand, à Paris, est à la fois plus nombreux et plus isolé que le Suisse français. Il se groupe davantage (1).

Les bonnes Suisses ont un home à Paris, que l'Etat subventionne. Il rend de grands services, et même ne peut pas satisfaire les demandes qu'on lui adresse. Toutefois, le nombre des domestiques suisses à Paris est de beaucoup inférieur à celui des Allemandes (3.000 : 8.000).

.Les employés d'hôtel sont groupés dans l'*Union genevoise* et dans l'*Helvétia*, deux des meilleures associations professionnelles. La première ayant un caractère international a été fixée à Genève ; la deuxième, nettement suisse en principe, fonctionne, dans la pratique, aussi pour les employés des autres nationalités.

Le cercle commercial suisse (à la fois cercle, école professionnelle et bureau de placement) est une institution unique dans son genre, et que nous ne connaissons à aucune autre colonie étrangère à Paris. La preuve qu'il se recrute surtout parmi les Suisses de l'Est, c'est qu'au programme des cours, l'allemand ne figure pas.

Quant aux Suisses italiens, ils sont « une colonie très unie et active » (2), et qui paraît mener une vie un peu à part. Les lois électorales de leurs cantons

____

(1) Tandis que, dans le milieu anglo-saxon de Londres, par exemple, c'est le Suisse français qui montre plus de cohésion nationale.

(2) Morhardt, *loc. cit.*

leur conservant le droit de vote même à l'étranger, ils ont fondé, à Paris, nombre de petites associations de politique locale et, lors des élections, vont voter, par train spécial. Ceci est déjà un trait qui les distingue des autres Suisses. Leurs occupations principales en font autant et nous permettent de les ranger résolûment avec les Italiens. Ils sont de préférence : cuisiniers, pâtissiers, confiseurs-glaciers, marchands de marrons, fumistes, peintres en bâtiments, terrassiers. Nous retrouverons toutes ces industries dans la liste des spécialités italiennes, ce qui nous autorise à les traiter dans notre chapitre sur la colonie italienne. Les Suisses italiens, nous l'avons déjà dit, constituent surtout la colonie suisse ouvrière ; les Suisses allemands fournissent le plus d'employés ; les Suisses français dominent dans la banque et les professions libérales. Par leurs spécialités dans le travail, chacune de ces catégories se rattache bien nettement aux trois grandes familles ethniques, aux trois grands peuples, dont la Suisse a si heureusement su réunir et unir trois parties.

La seule industrie à Paris qui nous paraît une spécialité bien *suisse*, est la broderie. Elle occupe aussi des Allemands, mais les Suisses y ont une réputation spéciale. Toutefois, l'importation satisfaisant le plus gros de la demande, la production de broderie, à Paris, est très réduite et la main d'œuvre aussi.

Si les Allemands sont la seule colonie ayant une

véritable *école* pour les enfants de leurs nationaux,la
Suisse est le seul Etat qui, par une convention spéciale, ait assuré aux siens le *droit* à l'enseignement
primaire en France, droit dont les autres étrangers à
Paris jouissent en fait.

La colonie italienne à Paris.

Elle aussi est de date ancienne : les premiers immigrants italiens à Paris furent des intellectuels,
étudiants au moyen-âge, professeurs et artistes à
l'époque de la Renaissance. Ils devinrent particulièrement nombreux à la fin du xviie siècle, peintres,
sculpteurs, architectes, chanteurs, musiciens, acteurs,
et l'essor industriel de la France détermina, comme
chez les Allemands, une immigration nombreuse
d'industriels et de commerçants italiens Mais la note
artistique domina et domine toujours dans la colonie
italienne, les développements qui vont suivre en fe-
ront foi.

Officiellement, on comptait à Paris en 1901
21.790 Italiens (1), 13.738 hommes, 8.053 femmes,
donc prédominance très marquée du sexe masculin,
ce qui s'explique par le nombre considérable des ouvriers italiens et le peu de demande qu'il y a, à
Paris, de domestiques italiennes. La population active
était de 16.345 personnes, le nombre des personnes

(1) Italiens d'Italie, ceux de Suisse sont comptés dans la
colonie suisse.

n'exerçant aucune profession rémunérée, 5.445, est, absolument et relativement, plus élevé que dans les colonies allemande et suisse, il se rapproche de celui de la colonie belge (8.000). Les colonies belges et italiennes, en effet, pratiquent le plus l'immigration par familles, avec cette différence toutefois que les familles belges restent souvent, tandis que les familles italiennes ont une tendance marquée à rentrer au pays. En tous cas, ces 2 dernières colonies sont les plus « ouvrières ».

Bien que de race latine et de religion catholique (ce qui les rapproche si fortement des Français), l'Italien à Paris ne montre pas la même faculté d'adaptation que le Wallon ou le Suisse français : pour la classe ouvrière, la différence de langue (1) et la différence, assez grande, de mœurs sont des obstacles considérables à une assimilation complète, l'Italien du peuple, à Paris, reste très italien (2).

L'adaptation, dans les classes supérieures, est beaucoup plus complète et rapide, renforcée d'ailleurs par les courants de la vie politique.

Le chiffre officiel de 22.000 Italiens à Paris, nous a-t-on affirmé de divers côtés, est de beaucoup dépassé, en réalité ; on le fixe à 40, 45, 50.000 ! Celui

(1) Les immigrants du Val d'Oste sont de langue française, mais leurs mœurs les rattachent à la colonie italienne.

(2) Il y reste le « macaroni », sobriquet que le peuple lui applique.

de 30.000 serait peut-être exact à l'heure actuelle (1).

Selon leur région d'origine, il faut diviser les immigrants italiens en trois catégories : ceux du Nord, mélange de Celtes, de Germains, de Latins, fournissent une main d'œuvre de choix, experte, par exemple, aux travaux de l'industrie du bâtiment ; ceux de l'Italie centrale et de Naples, très latins, fournissent, de préférence, l'élément artiste ; ceux du Sud, mêlés d'Africains, d'Orientaux, sont la main d'œuvre peu ou point qualifiée ; ils se recommandent souvent par des considérations qui sont étrangères à la *qualité* du travail.

Telle quelle, la colonie italienne à Paris offre un spectale de vie très à part, animée et grouillante. De toutes les grandes colonies parisiennes, sa partie ouvrière est, sans conteste, la plus primitive (elle compte le plus d'illettrés). la plus fruste (elle a ou, en tous cas, elle *contente* moins de besoins matériels que la partie ouvrière de la colonie belge, par exemple, qui, elle, chaque année, consacre la forte somme à la boisson, tandis que l'Italien est d'une sobriété exemplaire). Elle est aussi de beaucoup la plus pittoresque, ce qui est dû au type et aux travaux de ses membres, bref, elle est tout à fait intéressante.

Sa vie sociale est intense : il existe, à Paris, parmi

(1) L'assassinat, en 1894, du Président Carnot, avait déterminé un brusque exode de beaucoup d'ouvriers italiens de Paris.

les immigrants italiens, un nombre prodigieux de sociétés ayant pour but l'amusement en commun : Il buon ùmore, La stella alpina, La Gioviale, Le club cycliste, etc.

Il y aussi des sociétés de secours mutuels des cercles et groupes ouvriers, l'Unione italiana, Il gruppo bresciano, Il Monte Rosa, etc. ; car l'immigration italienne conserve à Paris son caractère *régional*.

La Société italienne de bienfaisance prend à tâche de soulager les grandes misères qui se produisent toujours dans les colonies de travailleurs (1). Au cours de nos études, il nous a semblé que les membres influents et riches de la colonie italienne prenaient un intérêt particulier et un *intérêt de cœur* au sort souvent fort pitoyable de leurs compatriotes ; nous en avons trouvé différentes preuves qui seront citées en leur lieu.

Dans les quartiers d'ouvriers italiens, La Villette, Belleville, Montmartre, Batignolles, Ternes, Italie, Grenelle, on a créé des cours du soir italiens pour les enfants dont beaucoup viennent apprendre la langue, l'histoire et la géographie de leur pays, après une journée de labeur fatigante. On a créé, pour les Italiens indigents, deux dispensaires gratuits.

Enfin, la convention du travail (15 avril 1904) entre la France et l'Italie, assure aux ouvriers ita-

(1) Voir l'excellent guide de la colonie italienne à Paris de Monsieur Barbesi.

liens à Paris des avantages pour le transport de leur épargne d'un pays à l'autre ou d'une localité à l'autre. Ce transport est sans frais, quand il s'agit de caisses publiques, il jouit de réductions de tarif postal pour les caisses privées ; les ouvriers italiens bénéficient de l'assurance contre les accidents.

S'il y a un immigrant qui vient à Paris avec le désir arrêté de « gagner », c'est bien l'immigrant italien. Comme le Belge, il possède chez lui un petit bien qu'il chérit et en vue duquel il travaille. Il y tient beaucoup et va le visiter souvent malgré, parfois, de grandes distances. Ce fait que l'Italien, qui, à Paris, vit chichement (soupes épaisses à l'italienne, pâtes d'Italie, fromage), qui mange sans aucune humiliation des potages faits de vieux croûtons de pains (1), qui s'habille fréquemment de véritables loques (les enfants surtout), qui ne s'accorde guère d'amusements, si ce n'est avec des compatriotes, le fait que ce même Italien à l'aspect minable a toujours de l'argent pour rentrer au pays et des habits convenables pour s'y rendre, a beaucoup frappé plusieurs de nos collaborateurs.

Les Italiens sont, en effet, très voyageurs, il y en a qui font constamment la navette entre Paris, Londres et l'Italie. Mais il faut bien le dire, pour rentrer

(1) Ils sont de vente courante, par exemple, à la Villette, et les acheter, pour l'ouvrier français, est la misère et l'humiliation.

chez eux, ils choisissent les moments propices, Pâques par exemple, lorsque des trains de pèlerinage les ramènent au pays à peu de frais.

Puis ils ont affaire là-bas : il faut tailler la vigne, payer des dettes, renouveler des baux, ramener à Paris des enfants, devenus grandelets et en âge de « travailler ». Ils n'obéissent donc pas au seul désir de se déplacer.

Quant à leur tenue de voyage convenable, elle nous paraît prouver que l'Italien de la colonie ouvrière à Paris sacrifie *tout* au désir d'amasser de l'argent, que, dans ce but, il se fait plus misérable qu'il n'est, car cela rapporte des bénéfices de toutes sortes : on peut alors marchander en achetant, demander l'aumône, faire appel à la charité parisienne, esquiver ou réduire le payement d'un terme, etc. Tout cela, est autant d'économisé (1).

Nous avons insisté sur ces faits pour répondre, d'une façon générale, à la question : l'ouvrier italien à Paris, travaille-t-il à meilleur compte ?

Nous ne le croyons pas : des immigrants aussi âpres au gain ne manqueront pas de demander pour leur travail le prix fort. Certes, c'est la main d'œuvre italienne à vil prix qui a déterminé l'enquête de 1898 et le décret de 1899. Mais ce n'est pas à Paris que

(1) Nous devons ces renseignements très précis à deux aimables collaboratrices à La Villette, intimement mêlées à la vie des ouvriers italiens.

cette main d'œuvre se trouve en nombre considérable, c'est dans le Midi de la France où elle a fait irruption, et où l'on a essayé de l'endiguer en la fixant à 10 0/0 pour les travaux publics. Or à Paris, les 10 0/0 sont très rarement atteints. Le sont-ils dans les industries privées (verrerie, fumisterie), la main d'œuvre qualifiée ne travaille pas au-dessous du taux ; quant à la main d'œuvre non qualifiée (manœuvre), de l'avis des experts, si elle est moins payée (ce qui ne paraît pas avéré), elle est aussi d'une qualité inférieure (Italiens du Sud).

D'une manière générale, l'Italien à Paris ne nous paraît pas être un concurrent déloyal de l'ouvrier français. D'ailleurs, nous l'avons développé dans la partie générale de ce travail, il n'est guère en nombre suffisant pour exercer une action sur les salaires.

Disons encore un mot sur le genre d'immigration *familiale* des Italiens de Paris. Chassé du pays par le surpeuplement ou le manque de travail dans sa région, souvent par la combinaison des deux, l'Italien, lorsqu'il est marié, vient d'ordinaire d'abord avec sa femme et celui ou ceux des enfants qui ont encore besoin des soins de la mère. Il laisse au pays, chez des grands parents ou des amis, les enfants qui ne peuvent pas encore gagner, mais qui sont en état de rendre de petits services là-bas, et dont, surtout, l'entretien au pays coûte très peu de chose.

Dès qu'ils ont atteint un âge qui permet de les

utiliser, soit à la maison, soit dans les petits métiers des rues, soit dans les usines parisiennes (1), soit comme modèles, vite on les amène à Paris, et leur vie de travail commence. Nous ne sachions que cet emploi des enfants, à un âge très tendre, soit aussi répandu dans aucune autre colonie étrangère à Paris. Il s'explique, sans doute, par la précocité de ces bambins italiens, par des mœurs plus rudes, souvent aussi par une misère économique, sinon une âpreté au gain plus grandes.

L'émigration italienne, autrefois sans aucune organisation, est aujourd'hui réglée par des lois, surveillée du gouvernement, canalisée, encouragée, découragée, selon les circonstances, par des sociétés d'émigration locales, régionales, nationales. Il en résulte qu'elle a lieu avec plus de discernement, d'une manière moins impulsive. La séparation des Eglises et de l'Etat, paraît-il, agira comme un frein : les bons ouvriers du Nord de l'Italie, refusant de se rendre en France parce que, composés de catholiques convaincus, ils redoutent de subir des vexations à ce sujet, de la part des meneurs du parti opposé, d'être empêchés de travailler et de perdre le bénéfice de leur émigration (2).

(1) L'âge d'admission légale est de 13 ans, et les enfants doivent produire un certificat visé par leur consulat. Mais on triche constamment sur leur état civil.

(2) Ce fait nous a été communiqué par le directeur d'une grande entreprise métallurgique dans l'Est de la France.

La statistique de 1901 compte environ 200 Italiens dans les industries de l'alimentation, les industries chimiques ; environ 200 dans la verrerie. Ils forment, avec les 1.500 personnes employées à la manutention et aux transports, la partie la moins qualifiée de la main d'œuvre italienne, de simples manœuvres. Ils travaillent dans les fabriques de conserves, dans les raffineries de sucre, dans les usines à gaz, partout où il faut une dose moyenne de force physique, sans qualification professionnelle.

Dans la verrerie, les ouvriers non qualifiés sont généralement Italiens. « Ce n'est pas en raison de leur capacité spéciale qu'on les emploie, comme les Belges et les Allemands, car il s'agit, le plus généralement, de simples manœuvres, mais *ceux-ci amènent avec eux un ou plusieurs enfants* et sont préférés à tous autres, car il est particulièrement difficile aux verreries de se procurer, parmi le personnel français, les enfants absolument indispensables à leur industrie (1). »

La question des petits verriers italiens, dont un membre de l'ambassade d'Italie à Paris, le marquis Paulucci del Calboli, a pris la défense, il y a une dizaine d'années, et pour lesquels un autre membre de la colonie italienne, le prince Borghèse, a institué à Saint-Denis un *educatorio*, subsiste donc toujours.

(1) Rapport de la Chambre syndicale.

Sans doute, on est plus rigoureux sur l'âge d'admission, et l'inspection du travail française fait son possible. Mais elle se plaint de ne pouvoir remédier à des abus qu'elle pressent plutôt qu'elle ne peut les constater. — Les femmes sont nombreuses dans les fabriques de conserves alimentaires, et les salaires qui nous ont été indiqués n'étaient pas inférieurs aux salaires parisiens usuels (2 fr., 2 fr. 50 par jour).

Un simple travail de manœuvre, très sale et peu rémunérateur, qui occupe les Italiennes et leurs enfants, est le tri des chiffons, os, vieux fers, etc. On y gagne 0 fr. 50 à 1 fr. 50 par jour).

La main d'œuvre italienne *qualifiée* se trouve en quantité notable dans les industries suivantes : bâtiment, taille des pierres et moulage, métaux ordinaires, industrie du bois, cuirs et peaux, chapellerie, tailleur, couture.

Parmi les industries du bâtiment à Paris, les terrassements et la maçonnerie, d'après la statistique de 1901, occupaient environ 600 Italiens et 60 Suisses italiens. Leur nombre dépasse de beaucoup celui des Belges dans la profession. Terrassements et maçonnerie sont des travaux de force.

Nous y joignons, comme une des industries du bâtiment pénibles, la fumisterie. D'après la statistique de 1901, elle occupait, à Paris, 600 Italiens et 200 Suisses, sûrement italiens ceux-là. La Chambre syndicale fixe le nombre des fumistes étrangers à

Paris (Italiens,Suisses, Autrichiens) (1) à 1.700 environ, 50 0/0 de la corporation, ce qui serait un cas exceptionnel, la main d'œuvre étrangère atteignant très rarement cette proportion à Paris.

Les Savoyards, lorsqu'ils étaient encore des Italiens, avaient déjà, depuis des siècles, la spécialité des entreprises de fumisterie à Paris, et les petits ramoneurs d'autrefois étaient surtout Savoyards. Le côté sale et pénible du métier, le long apprentissage qu'il exigeait alors, le faisait échoir en grande partie aux rudes et pauvres populations des montagnes italiennes. Les temps modernes, malgré des réformes sensibles dans le métier, n'ont pas inspiré aux Français de Paris un amour plus vif de la fumisterie, comme métier, et les choses sont restées en l'état, la demande parisienne continuant d'excéder l'offre indigène (2).

Les salaires sont identiques pour les ouvriers étrangers et les Français. La Chambre syndicale juge les premiers plus assidus, généralement plus sobres et moins sujets aux entraînements subversifs.

Nous ajoutons encore quelques renseignements curieux sur les Italiens dans la faïencerie, comme estampeurs de poêles. Industrie française à son ori-

---

(1) Probablement Italiens du Tyrol ou Slaves.

(2) Il existe à Paris, à l'hôpital Lariboisière, une fondation par des fumistes italiens au bénéfice de leurs compatriotes fumistes.

gine, elle est en train de devenir, dans la région parisienne, une industrie d'Italiens ; les ouvriers français s'étant refusé, en 1880, de faire des apprentis (par crainte de la concurrence) et la main d'œuvre venant à manquer (1), « les quelques ouvriers italiens, occupés dans les fabriques, firent venir des compatriotes qui, dans leur pays (Castella Monte), estampaient des poêles. Les prix de façon payés sont les mêmes pour les ouvriers français ou italiens » (4). Voilà un exemple curieux de « *spécialisation nationale étrangère* » par le refus de la main d'œuvre indigène.

Les estampeurs de poêles de faïence sont sur la limite entre les travaux pénibles et les travaux plus agréables et artistiques, la peinture de bâtiment et la vitrerie, par exemple. En 1901, le chiffre des Italiens, dans la peinture de bâtiment et la vitrerie, était de 700 environ et celui des Suisses italiens (et peut-être aussi d'autres Suisses) même de 735.

Ils affectionnent ce travail comme « artistique ». D'après le rapport de la Chambre syndicale, ils forment 20 0/0 de la profession, et leur nombre, à Paris, serait de 4.000. La Chambre syndicale leur donne le témoignage suivant : économes et rangés, travaillant au même taux que les Français, mais « en général, les ouvriers étrangers travaillent plus que les Français » (2).

(1) Leur crainte ne paraît donc pas avoir été fondée.
(2) Rapport de la Chambre syndicale.

La taille des pierres et le moulage occupaient à Paris, en 1901, environ 300 Italiens, qui étaient surtout mouleurs de plâtres. Le travail du marbre à Paris, nous l'avons déjà vu, incombe aux Belges, les marbres d'Italie étant trop chers pour en faire des cheminées.

Les mouleurs, comme les verriers, se font accompagner de leurs enfants ou recrutent les enfants des autres, surtout à Lucques, Massa Carrare, Florence. Tous les Parisiens connaissent ces petits vendeurs de statuettes, qui représentent, comme les petits verriers et les petits ramoneurs d'antan, une forme de l'enfance exploitée. Ils sont loués pour 3 ans à des entrepreneurs, souvent peu consciencieux. Depuis la campagne du Marquis del Calboli contre cette « traite des blancs »,la surveillance paraît plus stricte, ce qui a, croyons-nous, éliminé les tout jeunes enfants ; en tous cas, on n'en voit presque plus dans les rues. Le mouleur de plâtre fait un métier d'art.

Autant en fait le mouleur de bronze, qui, à Paris, est souvent italien. Mais dans l'industrie du fer à Paris, l'Italien (du Nord) fait aussi les travaux de force, dans les fonderies et chaudronneries par exemple (environ 600 en 1901). Ces ouvriers sont de beaux gars, d'une force souple. On n a qu'à les observer au jeu de la boccia,dans les restaurants italiens de Belleville.

L'ouvrier italien, dans l'industrie du bois, fait, à

côté des travaux de charpente (1901 : 200), de par-
queteur (1), le métier d'ébéniste au faubourg St-Antoine, l'industrie du meuble étant fort développée en
Italie. De tous les ébénistes étrangers, il est le seul
qui fournisse un appoint notable d'ouvriers d'art, de
sculpteurs sur bois pour les ameublements de style.

Il est encore très apprécié dans l'industrie des cuirs
et peaux, où, à côté de main d'œuvre qualifiée (tan-
neurs, etc.), il fournit de véritables « artistes en chau-
sures », hautement payés.

Dans la chapellerie, l'ouvrier italien, en dehors de
la préparation du feutre, qu'il fait bien, et la préparation de la paille, pour laquelle il apporte une capacité
spéciale, le métier étant « italien », il se révèle ouvrier
d'art surtout dans la fantaisie (paille) pour dames,
tandis que le Belge excelle dans le feutre.

Même constatation dans l'industrie du vêtement (2).
L'Italien est tailleur en assez grand nombre (500 en
atelier). Dans le tailleur pour hommes, il ne saurait
rivaliser avec l'Anglais, l'Allemand, le Scandinave.
Un expert, consulté par nous, traitait même la main-
d'œuvre italienne avec mépris, disant qu'ils ne
savaient pas faire « une boutonnière convenable »,
ce qui est un des critères de l'art. Mais le tailleur
italien, s'il est, dans sa généralité, inférieur pour le
vêtement d'homme, prend d'éclatantes revanches

(1) Il y en a toute une colonie rue Quicampoix.
(2) Et dans la bijouterie.

dans la couture pour dames, véritable créateur, inventeur, ouvrier souple et artistique, faisant, pour ainsi dire, de la sculpture et de la peinture en étoffes. Nous avons déjà dit que la même supériorité caractérise le Roumain, de descendance latine.

L'Italien est aussi artiste dans la préparation des aliments. Il n'y a que lui pour rivaliser avec le Français comme cuisinier (1). En outre, c'est l'Italien et le Suisse italien qui fournissent un nombre assez considérable de pâtissiers, de confiseurs et de glaciers. Ils le sont d'instinct, le climat chaud ayant développé la consommation de glaces, de sorbets, de pâtisseries légères, et leurs âmes d'artistes travaillent le sucre, comme elles travailleraient le marbre.

Si donc, dans le domaine industriel, l'Italien du Sud est généralement un simple manœuvre qu'on emploie faute de mieux, et parce qu'il amène des enfants, l'Italie du Nord fournit d'excellents ouvriers pour les travaux de force, le Nord et le Centre des ouvriers d'art, appréciés dans toutes les industries parisiennes, qui permettent de sculpter et de peindre dans et sur des matériaux quels qu'ils soient. C'est un cas très accentué de spécialisation artistique.

Passons aux employés italiens. Avec les dispositions de l'Italien pour la cuisine, que nous venons de constater, il serait étonnant de ne pas le trouver

(1) Paris compte un certain nombre de bons restaurants italiens.

restaurateur et hôtelier. Il est les deux. Comme restaurateur, il a laissé de glorieux souvenirs (Tortoni, Frascati). Trois grands hôtels parisiens sont aujourd'hui dirigés par des Italiens, et nous trouvons les Italiens, avec les Suisses et les Allemands, comme employés d'hôtels ; ils sont pourtant en moins grand nombre. Ils ont, paraît-il, une aptitude particulière à composer des menus, à suggérer des plats fins, à faire le Figaro, emploi dans lequel l'Allemand est d'une infériorité de nature irrémédiable. Dans certains services représentatifs, les Italiens sont employés pour leur physique (1).

Comme employé de commerce et de banque, l'Italien est d'un placement assez difficile, sa langue maternelle n'étant pas d'un usage commercial répandu, à Paris. Par contre, les Italiens, très actifs, très remuants, jouent comme coulissiers un rôle considérable à la Bourse, ayant conservé les traditions d'habileté des anciens Lombards et Vénitiens. Le commerce entre la France et l'Italie est de nouveau entré dans une phase de paisible développement, de prospérité très grande. Il y a à Paris une chambre de commerce italienne, une succursale du Banco di Roma, des banques italiennes privées, des sociétés d'assurances.

Le petit commerce est très répandu parmi les Ita-

____

(1) Ils savent au moins l'anglais et le français, ce qui, à Paris, peut suffire.

liens. Ils ont un nombre particulièrement grand de magasins vendant les comestibles du pays (pâtes, fromages, vins), car l'Italien à Paris reste fidèle à son genre d'alimentation nationale. Ils tiennent un nombre considérable aussi de débits de boissons, de restaurants et de gargotes pour compatriotes. Ceux de la Suisse italienne constituent (avec les Auvergnats de France) la corporation des marchands de marrons, qui, l'hiver, installent leurs petits fourneaux au coin des rues parisiennes et l'été rentrent cultiver leur champ.

D'autres, dans les impasses et passages de la Villette, des Batignolles, de Montmartre, à la barrière d'Italie, fabriquent des glaces, que la femme et les enfants vont vendre dans les rues. Tout le monde à Paris connaît leurs voiturettes bariolées. Il y a des entrepreneurs de voiturettes à glace, faisant travailler des compatriotes pour leur compte à eux.

Dans les professions libérales, l'Italien à Paris s'est fait, depuis longtemps, sa place. Bien que la Société Dante Alighieri et la Société des études italiennes à la Sorbonne contribuent à répandre l'italien à Paris, la langue est d'un usage trop peu courant et trop peu obligatoire pour offrir aux Italiens, dans le professorat des langues vivantes, les mêmes débouchés considérables qu'y trouvent les Allemands, par exemple.

La différence de langue empêche également l'introduction, à Paris, d'un nombre tant soit peu considérable de médecins, d'avocats, de journalistes et d'universitaires italiens. Ceux qui exercent leur profession à Paris, le font, surtout parmi leurs compatriotes.

C'est la différence de langue qui s'est aussi opposée à la fusion intime des deux pays dans la personne d'écrivains français d'origine italienne. Pourtant dans Léon Gambetta et Emile Zola, l'Italie a contribué à l'éloquence et à la littérature françaises.

Les journalistes italiens à Paris sont généralement correspondants des grands quotidiens de leur pays, mais la colonie italienne a aussi créé un organe officiel à Paris, le Risveglio italiano. Elle dispose d'une imprimerie italienne et compte un certain nombre de typographes italiens.

Les Italiens à Paris se spécialisent davantage et avec un succès marqué dans la musique, où ils jouissent d'une tradition glorieuse : Opéra italien, Lulli, Piccini, Cherubini, Rossini, Bellini, Donizetti, Verdi, etc., qui tous ont remporté d'éclatantes victoires à Paris. Parmi les professeurs de chant, de musique instrumentale et les artistes lyriques, les Italiens occupent la première place, et ils sont très nombreux.

L'Italien étant musicien dans l'âme, la classe populaire prend sa part dans l'exercice de cette « profession libérale ». C'est un trait caractéristique et curieux de la colonie italienne que cet appoint populaire considérable qu'elle apporte à des professions, réservées chez les autres peuples aux classes cultivées ou à des unités seulement, prises dans le peuple.

Le musicien des rues à Paris est souvent italien, qu'il chante, qu'il joue de l'orgue de Barbarie, du violon ou de la guitare. La colonie italienne, à Paris, possède un orchestre complet, composé de profes- sionnels et d'amateurs, jouant dans les occasions officielles. Les orchestres privés, les chanteurs, tra- vaillant isolément, sont parmi les membres les plus voyageurs de la colonie italienne ; ils vont à Londres pour la saison d'été, y jouent et chantent dans les maisons riches et rentrent, le gousset bien garni (1).

Parmi les musiciens des rues, nous retrouvons l'entrepreneur ; il possède un certain nombre d'or- gues de barbarie qu'il fait voiturer à travers Paris par des compatriotes.

Même situation dans les arts : aptitudes spéciales de race pour la sculpture et la peinture, colonie nom- breuse d'artistes, les uns exposant au salon et bien cotés, les autres bohêmes, perchés à Montmartre, vivant comme ils peuvent, peinturlurant des saints pour les marchands de bondieuseries, inventant mille expédients. Puis, la contrepartie populaire du métier : les modèles italiens.

Dans leurs haillons pittoresques, ils ont apporté toute l'Italie mouvante, bruyante et colorée, aux quar-

(1) Nous devons ces détails et d'autres, sur la vie à Paris de l'Italien du peuple, à 2 sœurs de Saint-Vincent de Paul qui nous ont renseignée avec une compétence et une bonne grâce toutes particulières.

tiers de Montmartre, Montparnasse, au Panthéon, aux Gobelins, etc. Leur immigration date du commencement du XVIIe, siècle et leur vogue n'a décru qu'avec l'impressionnisme moderne, déclassant le classique. Pour cette raison, les marchés de modèles ont d'abord perdu de leur pittoresque (on venait autrefois en costume), et ils décroissent aujourd'hui en nombre. Le modèle italien est remplacé souvent par le modèle parisien, plus dans la note impressionniste, et les Italiens ne pouvant changer leur type, ils se trouvent atteints dans une de leurs spécialités nationales et naturelles. Le métier de modèle est bien payé : 4 heures de pose par jour, à l'Ecole des beaux-arts, rapportent 36 francs par semaine. La pose dans les ateliers privés rapporte davantage. Des fillettes de 14, 15 ans gagnent 40 francs par semaine. Il y a des familles entières composées de modèles : le père, posant le Christ, les apôtres ou les juges à la Cour de cassation, et travaillant, pendant la morte saison, comme figurant dans les entreprises de cinématographe ; la mère posant paysannes ou madones, les fillettes, les petits gas aux yeux de jais, tous exposant leurs frimousses dans quelque atelier de peintre ou de sculpteur. Le métier a ses dangers, et « les Lucrèce y sont rares » (1) ; mais, étant donnée la vie fruste et chiche des Italiens du peuple à Paris, cela permet de « gagner »

(1) Voir Barbesi, *loc. cit.*

et surtout d'employer le sexe féminin qui, dans le travail des Italiens à Paris, est assez mal partagé.

Dans toutes les industries parisiennes bien payées, nous ne trouvons que très peu d'Italiennes, les spécialités italiennes étant surtout des travaux d'hommes.

Pour le service domestique, l'Italienne à Paris n'est guère recherchée en dehors de sa propre colonie. Aussi le nombre des bonnes italiennes, en 1901, n'était-il que de 1.300 (contre 8.000 Allemandes, 4.000 Suissesses et 3.000 Belges).

Les professions libérales ne leur offrent de débouchés que comme professeurs de langue (débouché restreint), de musique (débouché plus considérable), comme modèle et enfin comme danseuse. C'est là encore une spécialité dans laquelle les Italiennes atteignent tout-à-fait le haut de l'échelle, elles fournissent, par exemple, les meilleurs sujets et bon nombre des figurantes-danseuses de l'Opéra de Paris.

L'exercice populaire d'un nombre de professions libérales, par les Italiens à Paris, explique la part prépondérante qu'ils y prennent ; d'après la statistique ils sont les premiers, par le nombre (1). Ce chiffre, pour être bien compris, demandait ce commentaire, le nombre des Italiens cultivés et qui exercent une profession libérale à Paris, étant plutôt restreint.

Les Italiens à Paris sont la preuve incontestable

(1) 1901 : Italiens, 908 ; Allemands, 883 ; Belges, 752 ; Suisses, 589.

d'une spécialisation dans le travail, vraiment nationale, reposant sur les aptitudes, évidemment héréditaires, des représentants d'un même peuple. Ces aptitudes, nous l'avons vu, s'affirment dans les métiers les plus divers, mais toujours dans la même direction, le sens artistique. Et cette tendance est partagée par toutes les classes de la colonie italienne à Paris, ce qui confirme son caractère de spontanéité, de don national. L'exemple de cette spécialisation italienne complète très heureusement notre étude de la spécialisation, en général, du travail à Paris, d'après nationalités, dont nous avons maintenant à dégager les conclusions.

On peut poser, comme deux axiomes :

1º Que, en principe, tout peuple est capable de faire tous les travaux qui lui sont indispensables, soit pour vivre, soit pour jouir de la vie.

Mais que :

2º Tous les peuples exécutent les travaux, communs à tous, d'après des méthodes spéciales et qu'ils montrent tous, *à la longue*, des aptitudes, des préférences pour tel ou tel genre d'occupation ; qu'ils y excellent et s'empressent, dès que l'occasion s'en présente, d'abandonner d'autres travaux, à leurs yeux plus ingrats, pour ces spécialités de prédilection.

Nous en concluons que les peuples, comme les individus, malgré un fonds commun d'aptitudes générales et moyennes, se distinguent les uns des autres par des aptitudes spéciales.

Ces aptitudes spéciales sont l'œuvre du milieu (climat, sol, genre de nourriture, genre de vie, événements historiques, régime politique, méthodes d'éducation et d'enseignement). En ce sens, elles sont variables, et leurs variations peuvent être contrôlées par nous.

Ainsi, les peuples du Midi, plus favorisés par le climat et la fertilité du sol, moins obligés de se dépenser pour gagner le nécessaire ou, grâce à leur climat plus clément, pouvant, sans déchoir, réduire ce nécessaire au strict minimum (Italiens) ont eu à un plus haut degré les loisirs et les richesses nécessaires à la production du surperflu, du luxe, du beau, bref, de l'art. C'est à ces circonstances que les peuples latins doivent d'être les peuples artistes, par excellence.

Tandis que les peuples vraiment civilisés du Nord, consumant une bien plus grande somme d'efforts, de vitalité, de temps, d'argent dans la simple lutte pour l'existence, se distinguent plutôt par l'énergie concentrée, l'endurance, la ténacité, la patience, l'esprit d'organisation, la discipline et l'ordre ; dans des milieux plus hostiles à l'homme, la vie demande plus d'entente et de prévoyance.

Ces aptitudes et préférences naturelles des peuples, bien que nous puissions en tracer et expliquer le développement, sont aujourd'hui, pour nous, quelque chose d'établi, une donnée primaire.

Et elles sont évidemment l'apanage de toutes les classes d'un peuple, parce que, bien que la majorité des membres d'une profession, obéisse dans le choix d'une carrière, à des nécessités économiques, des intérêts, des exemples et de simples hasards bien plus qu'à des vocations intimes et impérieuses, elles finissent tout de même par s'affirmer victorieuses.

Que des spécialités de ce genre existent à Paris, ne peut faire l'ombre d'un doute ; l'étude qui précède le prouve, et elle nous dispense d'allonger ce travail en citant de nouveaux exemples.

A la question : Y a-t-il dans le travail, à Paris, une spécialisation d'après nationalités ? Nous répondrons donc carrément : *oui*.

Toutefois il faudra très nettement définir ce que nous entendons par « nationalités ».

Les *nationalités* sont des *groupements ethniques*, l'équivalent, en ce sens des *peuples*. Ce qui fait leur unité, c'est la commune origine, la parenté so-matique, source de ce que nous appellons d'un terme courant, bien qu'au fond impropre, l'*hérédité de race*.

Voilà les *nationalités*, qu'il faut bien se garder de confondre avec les *nations*. Celles-ci ont une exis-tence toute politique, elles n'ont besoin, pour exister, que de l'unité de l'Etat, elles peuvent être faites de nationalités fort diverses, de peuples différents, la nation suisse, par exemple, qui, au sens ethnique, n'est pas un peuple.

Comme l'adjectif *national* ne rend pas la différence fondamentale qui existe entre *nationalités* et *nations*, nous préférons le remplacer là où un adjectif s'impose, par le mot *ethnique*.

C'est, en effet, par *groupements ethniques* que le travail se spécialise parmi les peuples, et que les peuples se spécialisent dans le travail, à Paris comme ailleurs.

Ce fait explique que des peuples ou fragments de peuples, faisant partie d'Etats et par suite de nations nettement distinctes, mais appartenant *au même groupement ethnique, à la même famille* (improprement dite race, adoptent les mêmes spécialités, et qu'il y a, dans le travail, affinité incontestable d'un côté entre Français wallons, Suisses français et italiens, Italiens, Roumains, c'est-à-dire le groupement ethnique latin, et, de l'autre, Anglais, Allemands, Autrichiens de langue allemande, Suisses allemands, Flamands, Scandinaves, c'est-à-dire le groupement ethnique germanique (1).

Mais ces spécialisations n'ont rien d'immuable. Le fonds commun de chaque groupement est constamment modifié par les événements historiques, les transformations économiques, entraînant à leur tour des changements de mentalité et de moralité générales. Ainsi les Allemands d'aujourd'hui ne font pas à

(1) Les Slaves tiennent des deux.

Paris les rudes travaux des Allemands de 1840, tandis que les Français balayent, de nos jours, les rues à la place des Hessois.

L'explication exclusive de la spécialisation du travail par l'effet du groupement ethnique laisserait pourtant une lacune : si l'affinité ethnique seule décidait en l'espèce, comment admettre que des peuples très différents au point de vue ethnique, des peuples, sans parenté somatique ni hérédité commune, se rencontrent dans les mêmes spécialités, par exemples, Flamands et Italiens du Nord dans les travaux de terrassement et de maçonnerie, Tchèques et Allemands dans la profession du travailleur pour hommes ?

Ici intervient, soit le *niveau de culture générale* qui, développant les mêmes besoins et aptitudes, réussit à rapprocher dans le même travail deux peuples d'origine ethnique différente, soit le *même genre d'enseignement professionnel* qui jette le pont entre deux nationalités étrangères.

Il en ressort que la spécialisation du travail d'après nationalités est chose *éminemment variable.*

En ce qui regarde notre sujet principal, voici la conclusion qui s'impose :

Il y a dans le travail, à Paris, une spécialisation par groupements ethniques, déterminée par les hérédités, c'est-à-dire les aptitudes de race, modifiée, sans cesse, dans son intensité et dans

7.

ses formes, par les événements politiques, le degré de prospérité économique, le niveau et les courants de culture générale (intellectuelle et morale) des peuples. Il faut lui appliquer l'échelle mobile.

Ces points établis, la spécialisation peut être :

1° Une spécialisation *de circonstance*, quand elle est due surtout aux faits extérieurs ;

2° Une spécialisation *d'aptitude* ou *de capacité*, quand elle est surtout déterminée par des causes tenant à l'individualité même des peuples.

Dans ce dernier cas elle est :

a) Spécialisation par aptitude physique.

b) Spécialisation par aptitude intellectuelle.

c) Spécialisation par aptitude morale.

d) Spécialisation par entraînement professionnel.

Les 2 genres de spécialisation et les 4 sous-groupes de 2 se combinent souvent.

On peut aussi, dans certains cas, opposer la spécialisation *naturelle* et *native* à la spécialisation *acquise*.

Car les peuples acquièrent et perdent leur aptitude à certains travaux.

Dans d'autres cas, ils n'en perdent pas l'aptitude, mais ils en perdent le goût (transformation de la mentalité).

On peut encore distinguer la spécialisation *libre*,

soumise uniquement aux lois économiques, et la spécialisation *artificielle*, déterminée par l'intervention légale.

Il y a aussi une division du travail, due à l'*organisation* de ce travail même ; enfin la spécialisation peut être *uninationale* ou *plurinationale*, et cela surtout parce que les Etats actuels, au lieu de reposer sur le principe du groupement ethnique, sont le résultat du hasard de la politique.

Le travail non qualifié, ne demandant que des aptitudes ordinaires, est plus particulièrement un travail de circonstance.

Le travail qualifié suppose un des quatre cas de spécialisation d'aptitude que nous avons cités plus haut. L'aptitude intellectuelle crée surtout le travail artistique, l'aptitude morale surtout, le travail solide.

Les étrangers qualifiés à Paris se distinguent dans leur majorité par un ensemble de qualités morales, qui commencent à se faire rare parmi les Français.

La spécialisation par don physique et par don intellectuel (modèles, sculpteurs en toutes espèces de matériaux) est plus fréquente chez les Latins à Paris ; la spécialisation par aptitude morale et professionnelle acquise plus fréquente parmi les ouvriers qualifiés de descendance germanique. — Les Slaves tiennent des deux (1).

(1) Nous nous proposons de consacrer, plus tard, une étude spéciale aux Slaves à Paris.

Qualifié ou non, le travail se recrute toujours dans la classe d'étrangers qui, par leur culture générale et leur genre de vie, se rapprochent le plus de la main d'œuvre française qui abandonne le métier.

Nous avons jusqu'ici examiné l'immigration étrangère à Paris surtout au point de vue de l'étranger. Il reste à l'examiner au point de vue français.

Il est incontestable qu'actuellement la France, pour ses travaux agricoles comme pour ses travaux industriels, ne peut se passer de la main d'œuvre étrangère : « Tout développement industriel en France se fera avec des ouvriers étrangers, l'industrie française ne peut se développer davantage, faute de main d'œuvre » (1). La situation est la même dans l'agriculture française. Jusqu'ici, l'industrie française avait trouvé des réserves de main d'œuvre dans la population agricole et les avait accaparées à son profit. A l'heure actuelle, ces réserves sont taries.

Il faut en conclure qu'il y a, en France, plus de travail national manuel qu'il n'y a de nationaux pour l'exécuter et que, pour cette raison, l'emploi de la main d'œuvre étrangère s'impose.

Cette disette de main d'œuvre nationale est-elle causée par l'augmentation des commandes ou la diminution de la natalité ?

(1) Lettre de l'administrateur-directeur de la Société des hauts-fourneaux et fonderies de Pont-à-Mousson au *Temps*, 12 juillet 1907.

Il y a certainement de l'un et l'autre, ce que nous examinerons de plus près. L'industrie française, sûrement, est sollicitée au delà des limites de ses ressources en travailleurs.

La natalité française, de son côté, on le sait, est faible, la population de la France n'augmente guère. En 1901, elle comblait cette lacune par une population active étrangère d'environ un million de personnes.

Or, tandis que l'agriculture et l'industrie manquent de main d'œuvre, la France se plaint d'un excédent de candidats et candidates à tous les emplois ne comportant pas de travail manuel, donnant avec des gains, souvent modestes mais assurés, une situation sociale supérieure, d'une pléthore de fonctionnaires de toutes espèces, émargeant au budget, d'un encombrement des carrières libérales, d'une augmentation effrayante du prolétariat intellectuel.

Il n'y a donc pas, en France, manque absolu de travailleurs. Mais il y a rupture d'équilibre dans la distribution des travailleurs existants. Par une distribution plus rationnelle des forces disponibles, la France pourrait, sûrement, réduire son besoin actuel de main d'œuvre étrangère.

De même que la France, *si elle voulait*, pourrait augmenter sa natalité et repeupler son territoire. Bien que souffrant des fléaux modernes : alcoolisme, phtisie, avarie, elle ne nous paraît pas atteinte dans sa vitalité, et si elle impose d'assez étroites limites à la procréation, ce phénomène nous paraît surtout tenir à des causes intellectuelles et morales.

Les mêmes raisons qui font restreindre aux Français leur natalité, leur font abandonner nombre de travaux industriels aux étrangers.

Au cours de notre étude, nous avons cité, à plusieurs reprises, et nous aurions pu augmenter les textes, des rapports de chambres syndicales, disant en substance :

1° Le Français quitte au plus vite le travail manuel.

2° Le Français ne fait plus les travaux rudes, sales, pénibles.

3° Le Français n'accepte plus l'apprentissage (1).

4° Le Français n'admet pas les observations.

5° Le Français travaille moins que l'étranger.

(1) L'apprentissage, à Paris, est désorganisé : par l'emploi des machines ; la spécialisation à outrance des différentes industries, résultat de la concurrence commerciale à outrance ; les exigences des apprentis (ou des parents) qui veulent qu'on gagne de suite, sans rendre les services correspondants et qui trouvent des débouchés plus faciles dans le commerce, les bureaux, sans se rendre compte de ce qu'ils resteront ainsi toujours des ratés ; l'esprit d'indiscipline de la génération actuelle : obéir à ses yeux, reconnaître qu'on a quelque chose à apprendre sont autant d'avilissements ; le mépris du travail manuel. Nos jeunes gens ne veulent plus avoir de métier, nous affirmait le directeur d'un patronage.

6° Le Français est plus sujet aux entraînements subversifs.

7° Le Français veut gagner beaucoup en travaillant le moins possible.

Ces doléances sont confirmées par les faits, l'abandon croissant du travail manuel par le Français, la ruée vers les services publics, le commerce, les professions libérales.

« Tous les travaux pénibles à Paris, disaient des experts, consultés par nous, sont faits par des étrangers. »

Il y a là peut-être un peu d'exagération, mais les travaux pénibles et les moins payés ou les plus dépendants échoient, sans aucun doute, aux étrangers. Nous en avons cité de nombreux exemples.

Nous nous trouvons donc en face d'un phénomène général.

Appartenant au groupe latin, l'ouvrier français a toujours marqué des aptitudes artistiques, et dans presque toutes les industries, il a atteint un degré de perfection, supérieur aux autres peuples. Mais très longtemps, il a également conservé le goût des métiers plus pénibles et l'ensemble des qualités morales dont les chambres syndicales constatent aujourd'hui la disparition.

D'où provient le changement actuel ? Il provient, selon toute apparence, d'un changement dans la culture générale, intellectuelle et morale, de la classe ouvrière française, changement de niveau social, provoqué par les événements politiques en France, depuis 1789.

La Révolution, en effet, a inauguré, non pas l'abolition des privilèges, mais leur extension à la nation entière. Le Français tend, naturellement, vers tout ce qui est « aristocratique » (luxe, beauté, élégance, art), et ses réformes sociales n'iront jamais dans le sens de la vie simple.

Les révolutions successives en France ayant ouvert à une partie toujours grandissante de la classe ouvrière française des débouchés autres qu'agricoles et industriels, leurs exigences matérielles et sociales, plus grandes, déterminent, à l'heure actuelle, avec l'abaissement de la natalité, l'abandon, par les Français, des travaux les plus pénibles ou les moins payés et l'indiscipline croissante de la main d'œuvre indigène.

D'ailleurs, l'ouvrier français est convaincu d'être dans son droit et même de faire œuvre pie, en agissant de la sorte : les chartes des libertés politiques de son pays, le régime démocratique sous lequel il vit, lui indiquent des principes et des notions qui jurent avec la subordination, la discipline, l'acceptation des dures besognes, inséparables de toute organisation du travail et de tout travail organisé. Quand on fait partie du « peuple souverain », que, par son vote, on décide des « destinées nationales », que tous sont

« égaux » et que les différences sociales sont jugées d'arbitraires iniquités, les chantiers de construction et les verreries, les ateliers et tout le travail manuel n'offrent plus beaucoup d'attrait, l'exode industriel vient s'ajouter à l'exode rural, et les vides, ainsi laissés par les Français dans les rangs du travail national, sont presque automatiquement comblés par les étrangers les plus aptes à remplacer la catégorie d'indigènes qui « lâche pied ».

La France étant la seule démocratie de l'Europe qui ait ouvert à sa classe ouvrière le large accès des professions, ailleurs principalement réservées aux classes bourgeoise et noble, elle trouve actuellement encore l'appoint nécessaire d'ouvriers assidus, disciplinés et sérieusement entraînés dans les pays voisins, dont le régime et les institutions politiques maintiennent une certaine hiérarchie sociale, l'apprentissage et l'esprit de discipline.

Ce sont là traits distinctifs d'une phase spéciale de la culture générale, intellectuelle et morale des peuples. En France, la classe ouvrière commence à franchir cette étape ; à l'étranger, cette phase et ce niveau subsistent encore.

Mais, très probablement, ce n'est, là aussi, qu'une question de temps, et bientôt peut-être dans le domaine du travail tous les peuples européens seront logés à la même enseigne.

En attendant, nous posons deux questions qui ont

leur importance, mais que l'avenir seul pourra résoudre :

1º La France, en démocratisant le luxe, ce qui entraîne infailliblement une vulgarisation du goût, conservera-t-elle à la longue sa prééminence dans le domaine du travail élégant et artistique ? Ou les ouvriers d'art étrangers qui viennent se perfectionner à Paris, sont-ils destinés à transporter ailleurs l'héritage français ?

2º La France, si elle doit dépendre de plus en plus du concours de la main-d'œuvre étrangère, réussira-t-elle à s'assimiler ces éléments non indigènes, ou sera-t-elle peu à peu colonisée par l'étranger ?

Enfin, une dernière question se rattachant à notre sujet principal : *L'ouvrier étranger est-il un concurrent* ? Pour Paris, nous croyons pouvoir affirmer en conscience qu'il ne l'est pas, n'étant guère en nombre et, dans la majorité des cas, ne travaillant pas au-dessous du tarif, parce qu'il est un professionnel qualifié.

Quelques-uns des experts consultés par nous ont insisté sur le fait que l'ouvrier étranger, étant célibataire, n'a pas de charges de famille, qu'il ne fait pas le service militaire et qu'il paye moins d'impôts que l'ouvrier français.

Ce dernier point nous paraît à écarter comme une erreur, l'ouvrier étranger, lorsqu'il réside en France, payant exactement les mêmes impositions directes et indirectes que l'ouvrier français. Ne sont exempts de tout impôt direct que les ouvriers n'ayant pas de logement à leur nom ; ils sont français autant et plus qu'étrangers (1).

Restent les autres points.

L'étranger, s'il ne fait son service militaire en France, est obligé de le faire chez lui, ce qui est une source d'ennuis fréquents (lorsqu'il s'agit de se faire ajourner), lui coûte souvent sa situation à Paris et le fait généralement rentrer au pays où il doit fournir le même effort, sinon un effort supérieur.

Beaucoup d'ouvriers étrangers, à Paris, nous l'avons vu, sont mariés et, à cause de leurs familles nombreuses, supportent des charges au moins égales à celles d'un père de famille français.

On objectera que leur standard of life est souvent inférieur à celui des Français. Soit : l'Italien surtout, économise sur sa bouche, mais bien entendu, il *économise*, c'est-à-dire il gagne ou essaie de gagner tout autant que le Français, mais il dépense moins. Ce n'est pas de la concurrence à proprement parler.

Quant aux étrangers célibataires, ils ont peut-être, et même très probablement remplacé des célibataires français, les mêmes salaires supposant les mêmes besoins ou, dans le cas des étrangers à Paris, si la

(1) Les très nombreux et très misérables garnis qui forcent l'attention dans les quartiers ouvriers, ont une majorité d'habitants français.

satisfaction des besoins est réduite, c'est au profit
généralement de l'épargne.

A part des cas de sweating caractérisé et le cas, à
Paris, de l'ouvrier étranger débutant chez un compatriote à un moindre salaire, cas qui, dans l'ensem-
bles sont trop peu fréquents pour agir sur le prix de la
main d'œuvre en général, l'ouvrier étranger *n'est pas
un concurrent.*

D'aucuns ont dit qu'il était un meneur. Sur ce
point, les témoignages des chambres syndicales sont
formels ; à l'exception de la chambre syndicale de la
brasserie, qui reprochait aux ouvriers allemands de
vouloir syndiquer les ouvriers français, ce qui ne
peut constituer le fait de « meneurs », les syndicats
professionnels étant des institutions légales, de l'a-
vis unanime, la main d'œuvre étrangère est indus-
trieuse, disciplinée et tranquille.

L'ouvrier étranger, très souvent de passage à
Paris, et qui, jamais, n'est électeur, reste d'autant
plus indifférent au mouvement syndical, que les
syndicats à Paris poursuivent surtout des buts politiques. Les étrangers, tout en restant généralement
en dehors des associations ouvrières professionnelles,
se tiennent pourtant très au courant des questions de
salaires. Une forte organisation économique des syndicats en France attirerait peut-être aussi l'étranger.
En attendant, la classe ouvrière française n'est pas
organisée au point de vue économique.

Mais nous parlions des étrangers fauteurs de grèves.

Sans doute, l'ouvrier étranger, sans famille, qui a peut-être eu des démêlés avec la justice de son pays, qui n'a à risquer que sa peau, et qui change de lieu de résidence sans laisser de trace, celui-là existe aussi, et dans l'Est de la France surtout, il paraît, dans la grande industrie, trouver un champ d'opération favorable. Mais à Paris cet appoint de meneurs étrangers paraît minime, l'offre indigène suffisant à la demande.

Il nous paraît qu'on a tort de dénoncer la présence, en France et à Paris, des ouvriers étrangers, ce qui ne peut que les éloigner. Or, ils sont indispensables. Ils travaillent généralement bien ; ceux qui se fixent, aident au repeuplement et fournissent des soldats à la conscription française. Ils sont donc utiles au pays (1).

Mais, dira-t-on, si l'on pouvait empêcher les étrangers de venir à Paris, le travail qu'une partie des Français leur abandonnent aujourd'hui, parce qu'ils le trouvent insuffisamment payé, atteindrait forcément des prix que ce groupe plus raffiné ou plus

____

(1) Même leurs adversaires en conviennent ; l'un d'eux nous répondit textuellement : « Ah, que je voudrais débarrasser la France de tous ces ouvriers étrangers, mais voilà nous n'avons pas assez d'ouvriers français et ceux que nous pourrions éduquer refusent, l'apprentissage. »

exigeant des ouvriers français jugerait acceptables. Même lorsque l'étranger travaille au tarif, il est un concurrent, parce qu'il empêche ce tarif de monter.

A ce raisonnement, on pourrait répondre : *est modus in rebus*. Mais cette maxime est bien surannée, et évidemment le moment viendra où d'anciens ministres se faisant terrassiers, on trouvera naturel de payer les terrassiers comme des ministres. L'avenir s'en chargera, et nous discuterons ce problème, le moment venu.

Ces quelques remarques sur le côté français de notre sujet, complément indispensable des chapitres sur les étrangers à Paris, aboutit à la conclusion suivante. complément et contre-partie de la première :

L'incontestable division du travail qui se fait, à Paris, entre Français et étrangers, finit par une *collaboration internationale* complète, à la fois permanente et variée.

Elle a pour cause le caractère international, cosmopolite :

Du salariat à Paris,

Du patronat à Paris,

Du public parisien,

Mais avec, toujours, une forte prédominance de l'élément français.

Elle a pour effet le caractère international, cosmopolite :

De la production parisienne,

Du produit parisien,

Du goût parisien (1),

Mais avec toujours, comme base et pierre de touche, la tradition française.

Dans le domaine du travail, il y a, à Paris, entre Français et étrangers, *échange de services* ; tour à tour, ils sont et maîtres et élèves, initiateurs ou imitateurs ; l'élite d'une profession se trouve tantôt du côté français, tantôt du côté étranger. Il n'y a là ni règle fixe, ni ligne de démarcation possible.

L'organisation actuelle du travail à Paris est un des exemples les plus frappants de la solidarité humaine.

(1) Nous rappelons ici les effets de la loi sur la nationalité française : légalement elle assimile l'étranger, de fait elle cosmopolise Paris.

Be[illegible]
All[illegible]
S[illegible]
I[illegible]

B[illegible]
A[illegible]
S[illegible]
I[illegible]

STATISTIQUES (1901).

Population étrangère totale.

(Belges, Allemands, Suisses, Italiens.)

		Hommes	Femmes
Belges.	28.000	13.935	14.020
Allemands	24.500	8.315	16.255
Suisses	19.700	10.755	8.885
Italiens	21.800	13.740	8.055

Population non active.

Belges.	28.000 — 20.645 env.	7.000
Allemands	24.500 — 19.640	5.000
Suisses	19.700 — 15.360	4.400
Italiens	21.800 — 16.345	5.500

Population étrangère active.

(Belges, Allemands, Suisses, Italiens).

—	72.000
Occupés.	68.000
Chômeurs	4.000

	Occupés		Chômeurs
Belges.	19.200 sur 20.645		1.400
Allemands	18.800 » 19.640		800
Suisses	14.500 » 15.360		800
Italiens	15.100 » 16.345		1.200

8

Population étrangère active.

(Belges, Allemands, Suisses, Italiens). .

	Chefs	Empl. et Ouv.	Isolés
Agriculture.	15	50	10
Ind. de transformation . . .	3.100	20.500	5.600
Manutention, transport . . .	70	3.650	75
Com^ce, banque	2.620	9.875	2.045
Prof. libér.	90	735	2.260
Services dom. et pers. . . .	95	16.025	85
Serv. publ.	0	400	30
Total, environ	**6.000**	**52.000**	**10.000**

Employés : 26.100.
Ouvriers : 25.300.

Belges à Paris (Population active).

	Patrons	Employés	Ouvriers	Isolés
Agriculture	5	0	6	3
Alimentation	25	30	95	0
Industries chimiques. .	0	25	125	0
Caoutch. Pap	0	5	35	0
Polygraphie.	45	40	340	25
Trav. étoffes	590	90	1.870	1.670
Crins, pailles, plumes.	15	5	55	20
Cuirs, peaux	90	10	490	340
Ind. bois	220	25	1.140	140
Métaux ord	105	65	1.125	80
» fins.	15	25	180	15
Pierres préc	0	0	10	2
Taille des pierres, moulage.	35	2	215	25
Terrass., constructions.	45	35	595	45
Céramique, verrerie .	15	6	70	4
Ind. transformation. .	2.000	360	6.240	2.350
Manutention, transport	45	45	1.055	45
Commerces divers, banque.	735	1.762	645	665
Profess. lib.	20	125	30	575
Soins pers., serv. dom.	35	2.995	0	0
Serv. publ.	0	95	7	8
Total : environ	2.040	5.400	7.980	3.645

19.200

Allemands à Paris (Population active).

	Patrons	Employés	Ouvriers	Isolés
Agriculture.	0	0	5	5
Alimentation	35	45	400	1
Industries chimiques.	0	5	45	0
Caoutch. Pap	0	5	15	0
Polygraphie.	25	25	135	10
Trav. étoffes	215	65	715	890
Crins, pailles, plumes.	10	5	25	30
Cuirs, peaux	75	15	290	90
Ind. bois	85	20	605	55
Métaux ord	45	55	480	45
» fins	10	25	60	5
Pierres préc	5	1	2	0
Taille des pierres, moulage.	10	1	35	5
Terrass., constructions	10	15	115	10
Céramique, verrerie.	5	5	40	1
Ind. transformation . .	530	300	2.970	1.150
Manutention, transport	5	25	580	20
Commerces divers, banque.	665	2.265	590	690
Profess. lib.	25	200	55	560
Soins pers., serv. dom.	20	7.940	5	30
Serv. publ.	0	235	15	10
Total : environ.	1.250	10.970	4.220	2.500

18.800

Suisses à Paris (population active).

	Patrons	Employés	Ouvriers	Isolés
Agriculture	8	0	30	5
Alimentation. . . .	35	45	290	1
Ind. chim.	0	15	15	0
Caoutch. Pap. . . .	0	1	10	0
Polygraphie	25	25	160	15
Trav. étoffes. . . .	195	110	515	605
Crins, pailles, plumes.	15	5	15	5
Cuirs, peaux. . . .	40	10	160	85
Ind. bois	55	15	415	30
Métaux ord.	85	85	540	70
— fins	10	15	60	10
Pier. préc.	1	1	5	0
Taille pierres, moulage.	5	0	30	5
Terrass., constructions	170	35	980	70
Céramique, verrerie.	10	5	65	5
Ind. transformation. .	650	370	3.260	900
Manutention,transport	10	55	435	10
Comm.divers,banque.	760	2.550	480	450
Profess. lib.	30	175	40	350
Soins pers.,serv.dom.	30	3.775	10	40
Serv. publ.	0	95	5	5
Total : environ.	1.480	7.020	4.260	1.760

14.500

Italiens à Paris (population active).

	Patrons	Employés	Ouvriers	Isolés
Agriculture.	0	0	10	0
Alimentation	20	25	485	0
Ind. chim	0	10	235	0
Caoutch. Pap . . .	0	1	15	0
Polygraphie	15	15	160	20
Trav. étoffes. . . .	240	35	910	695
Crins, pailles, plumes	5	5	25	10
Cuirs, peaux	60	5	385	215
Ind. bois	125	5	885	80
Métaux ord.	65	25	1.130	60
— fins	15	10	120	15
Pier. préc	0	0	0	0
Taille pierres, moulage	45	15	265	35
Terrass., constructions.	170	35	2.025	120
Céramique, verrerie.	5	5	165	5
Ind. transformation .	770	190	6.820	1.260
Manutention, transport	10	20	1.435	5
Comm. divers, banque	465	1.030	540	235
Profess. lib	15	80	30	785
Soins pers., serv. dom.	15	1.295	1	15
Serv. publ.	0	45	5	10
Total : environ.	1.280	2.680	8.840	2.310

15.100

A. Rousseau, imprimeur-éditeur. — Paris.